Advantageous Management of Social Welfare Facilities
Setting Goals and Managing Productively

사회복지시설의
바람직한 관리

추구할 목표와 관리자의 역할

Advantageous Management of Social Welfare Facilities
Setting Goals and Managing Productively

사회복지시설의
바람직한 관리

추구할 목표와 관리자의 역할

성규탁

김범중 조상미 이석호

한국사회의 발전에 발맞춰 성장한 수많은 사회복지시설은 변화하는 환경과 시대적 요구에 맞춰 새로운 역량을 갖춰 나가야 할 과제를 갖고 있습니다. 양적인 성장과 더불어 질적인 변화를 통해 더 높은 성과를 창출시키기 위해 이제는 관리의 역량을 한 단계 더 업그레이드해야만 하는 상황인 듯합니다.

사회복지시설은 사회적 공익을 향해 나가는 공익 조직입니다. 공익의 추구를 인정받아 사회복지시설은 정부의 지원금과 시민 및 기업의 기부금과 같은 외부 지원을 받으면서 고유한 활동을 수행하고 있습니다. 따라서 그 어떤 다른 조직보다도 더 높은 수준의 책임성을 갖고 효과적이며 효율적으로 그 과업을 수행해 낼 수 있어야만 합니다. 즉 투명성의 과제와 더불어 클라이언트에 대한 책임성 과제를 보다 온전하게 이행할 수 있도록 관리의 역량을 지속적으로 제고시켜 나갈 수 있어야만 합니다.

Peter Drucker는 전문가의 길이란 여정에서 두 마리의 토끼를 균형 있게 잡아 나갈 수 있어야만 함을 강조합니다. 하나는 일의 형태와 내용에 상관없이 생산성을 높여 나가는 것이고, 다른 하나는 자아실현의 과제를 잊지 않고 그 길 속에서 끊임없이 역량을 가다듬고 더 성장시켜 나가는 것이라고 설명하고 있습니다. 이러한 과제는 한국 사회복지기관의 여정에서도 예외가 아니라고 생각합니다. 즉 관리의 측면에서 볼 때, 한국 사회복지기관도 각자의 사명을 되새기며 한 걸음씩 사명에 다가가야 하는 과제와 더불어 오늘은 어제보다 더 생산적으로 일을 수행해 내야만 하는 과제를 갖고 있습니다.

사람 돌봄이라는 고귀한 사명을 부여받은 사회복지시설은 관리의 측면에서 기업과 일정 정도의 차이를 가질 수밖에 없습니다. 그 이유는 바로 사람을 중심에 두는 가치 기반 위에 세워졌고, 그 가치를 중심으로 관리돼야만 하는 조직이기 때문입니다. 그러나 관리의 측면에서 기업과 유사성을 갖기도 합니다. 그 이유는 사회복지시설도 생산성의 과제를 피할 순 없는 조직이고, 이를 향해 나아가야만 하는 조직이기 때문입니다.

저의 스승님이신 성규탁 교수님께서는 2022년의 반을 지나오는 시점에 한국 사회복지시설관리의 중심에 과연 무엇이 존재해야만 하는 것인지 그리고 일반 조직의 속성과 더불어 고유성을 갖는 사회복지시설이 어떻게 관리돼야만 하는 것인지와 관련해서 그 핵심 과제를 이 책에 담고 있습니다. 한국 사회복지환경의 변화 속에서 사회복지기관의 관리가 한 단계 더 업그레이드돼야 할 필요성이 큰데, 업그레이드의 중심에는 여전히 가치 중심적 관리의 과제가 놓여있고, 보완적으로는 생산성 모색의 과제가 놓여있음을 이 책을 통해 다시 한번 강조하시고 있습니다.

저자이신 성규탁 교수님은 사회복지조직 연구 영역의 세계적 석학이신 고 Yeheskel Hasenfeld 교수의 제자로서 사회복지조직 관리에 속한 다양한 주제들을 국내외에서 50년 이상 연구하시고 강의해 오신 국내 최고의 석학이자 원로이십니다. 이런 최고의 경력을 쌓아오신 성규탁 교수님께서 구순이 넘으셔서도 한국 사회복지시설에 대한 새로운 기대와 애정 때문에, 학문적 열정을 다시 가다듬으시면서 이 책을 저술하셨습니다. 사회복지시설을 관리하는 시설장, 앞으로 시설을 관리하게 될 중간관리자, 사회복지 행정을 연구하는 학생 모두에게 이 책이 평생을 함께하는 지식과 관리의 기술을 제공하는 소중한 지침서가 되길 소망합니다.

강철희

연세대학교 사회복지대학원 교수
싱가포르 국립대학교 초빙 석좌(S. R. Nathan)교수
연세대학교 사회복지대학원 원장 역임
한국사회복지학회 회장 역임

　국가와 사회가 부유해지고 사람들의 사회복지에 관한 관심
과 욕구가 높아짐에 따라 수다한 사회복지시설은 성장하여 여
러(多) 하위체계로 분리되어 여러(多) 세팅에서 여러(多) 돌봄
제공자가 여러(多) 가지의 돌봄서비스를 뭇사람(公)에게 제공
하는 변화를 하고 있다. 시설이 발전적으로 다공화(多公化)되
고 있는 것이다.

　이 책에서 위와 같이 새 시대의 다공화된 시설을 생산적으로
관리하는 데 관해서 논의하고자 한다.

　한국은 선진국 대열에 들어 기업 관리에서 세계적 모델로 빛
을 내고 있다. 사회복지 부문에서도 기업 부문 못지않게 관리
의 묘를 이룩해 나가야 할 것으로 본다.

　하지만 기업과 달리 사회복지 시설은 사람인 고객을 위한 돌
봄서비스를 인간중시적으로 전달해야 한다. 아울러 이 목표를
수행하는 데 참여하는 시설 성원들도 인간중시적으로 지지, 보

상하여 이 체계가 생산적으로 실적을 올리도록 이끌어야 한다.

이 책에서 논의하는 생산적 관리는 위와 같이 시설 내부 성원들을 존중, 지지하여 시설 운영에 참여토록 해서 이들이 시설 외부 고객을 위한 돌봄서비스를 효과적으로 제공토록 하는 바람직한 관리이다.

시설 내부 및 외부를 위한 목표를 함께 달성토록 하는 것이다. 2원적 목표를 지향하는 관리이다. 2원적 목표는 관리자가 비교적 쉽게 활용할 수 있는 이론적 틀이다. 이 틀은 시설이 추구하는 다양한 목표를 두 가지로 나누어 각 가지를 집중적으로 다룰 수 있게 한다. 생산적 관리를 이룩하는 바람직한 방편이 될 수 있다.

물론 이 목표를 달성하기 위해서 관리자는 인력관리, 돌봄서비스 프로그램 관리, 재무관리를 포함한 다양한 과업을 생산적으로 관리해야 할 것이다.

생산적 관리는 Rensis Likert 박사(5단위 측도 창안자, 미시간대학 사회연구원 ISR 원장)가 창시한 학술 용어이다. 미시간주 Ann Arbor 교외 Silver Lake 호반의 저택으로 그를 예방한 저자(당시 그의 강의 수강자)에게 한국이 발전하고 있다고 칭찬하고서는 그가 평생 행한 조직연구의 중심 과제는 '생산적 관리'라고 알려주었다. 그의 생산적 관리는 사람을 존중하는 인도주의적 가치가 충만한 관리방법이다.

이 책은 사회복지 시설을 생산적으로 관리하는 데 참고가 될 기초적인 이론적 틀과 실용적인 방법을 엮은 내용이다. 다수 사회복지사는 사회복지 실천 현장에서 경험을 쌓고서는 시설 관리 과업을 담당하는 자리로 옮겨가게 된다. 이러한 과업의 전환기에 사회복지사들이 참고할 수 있을 것으로 본다.

저자 성규탁

목차

서론

사회복지 실천 현장에서 눈에 띄는 변화가 일어나고 있다. 다수 사회복지 시설은 늘어나는 사회복지 욕구를 충족하기 위해 돌봄서비스를 확장하면서 새로운 기능과 목표를 지향하고 있다. 한두 가지 돌봄 제공을 벗어나 여러 돌봄 세팅에서 여러 돌봄 제공자가 여러 가지 돌봄서비스를 뭇사람에게 제공하는 바람직한 변화를 이루고 있다. 다공화(多公化)되는 발전적 변화를 하는 것이다. 이러한 변화는 한국 사회복지 시설의 놀라운 성장을 반영한다. '다공화'는 저자가 만든 용어이다. 이 용어에 관해서 아래 책에서 상세히 해설한 바 있다.[1]

다수 사회복지시설은 해마다 다공화되면서 성장하고 있다. 경제성장으로 국가와 사회의 자원이 늘어남에 따라 이런 성장은 이어질 것으로 본다.

시설은 성장함으로써 더 많은 인적 및 물적 자원을 확보하고, 사회를 위한 기여가 많아지고, 생존 가능성이 커지며, 늘어

---

1) 성규탁, 2021, 한국 사회복지조직의 성장과 과제: 인간화와 다공화, 학술정보사.

나는 사회적 기여와 필요성을 자랑할 수 있다.

이렇게 성장하는 시설은 국내외 단체들과 동맹하여 앞선 운영 및 돌봄 기법을 획득해서 고객 돌봄 활동을 증진해 나가고 있다. 이런 시설은 대개가 다음과 같은 요건을 갖추고 있다.

* 시설 운영에 대한 강한 인간중시 신념과 정체성
* 능력 있는 관리자
* 전문화된 인력
* 성원들의 목적성취 의욕
* 운영에 필요한 자원
* 발전된 커뮤니케이션
* 안정된 환경

성장하는 시설은 관리자와 돌봄서비스 제공자에게 새로운 임무와 책임을 부과하고 있다.

이러한 임무와 책임은 우리 겨레가 이어받은 인간을 존중하며 사랑하는 인간중시적 가치를 받들면서 실행됨이 마땅하다.

우리 사회 속에 깊이 스며든 홍익인간사상(공평한 인간존중), 불교의 자비(보편적 생명존중), 유교의 인(넓은 인간애), 기독교의 박애(넓고 깊은 사랑) 및 천도교의 사인여천(사람을 하늘같이 중히 다스림)이 다 같이 교시하는 사람을 공평하게 사랑하고 존중하며 돌보아 구제하는 도덕적 가치를 발현하며 실행되어야 할 것이다.

이렇게 전통적 가치와 사회복지시설의 성장이 교차하는 맥락에서 현저히 떠오르는 과제는 시설이 달성해야 할 다음 2가지 커다란 목표라고 믿는다.

첫째 시설이 인간중시적 돌봄서비스를 고객과 사회에 효과적으로 전달하는 목표.
둘째 시설의 유지와 생존을 위해서 시설 성원을 인간중시적으로 관리하는 목표.

공교롭게도 사회복지 시설을 관리, 지원하는 정부는 이러한 두 가지 목표를 반영하는 다음 과제를 준수할 의무를 제시, 지령하였다(보건복지부, 2020).

(1) 질이 좋은 돌봄서비스를 사회에 제공할 것
(2) 시설 성원들에게 마땅한 대우를 할 것

이 2가지는 시설이 수행해야 할 사회를 위한 외부지향적 과업과 시설 자체를 위한 내부지향적 과업을 명시한 것이다.

이 두 가지 목표가 추구되는 세팅은 다름 아닌 사회복지 시설이다.

이 2편의 목표로 이루어진 틀은 오늘날의 수다하고 다차원적인 목표를 추구하는 다목적 시설을 운영하는 관리자에게 비교적 쉽게 적용할 수 있는 편리한 관리 방편이 될 수 있다고 본다.[2]

─────────────

2) 이하 사회복지 '시설'을 사회복지 '조직'으로도 표기함.

대다수 사회복지 시설은 국가와 사회의 공익을 추구하면서 정부, 공익단체, 사회공동체 및 독지가의 지원을 받고 있다. 즉 시민이 낸 세금과 기부금으로 운영되고 있다. 그래서 시설은 맡은 바 과업을 책임성 있게 효과적으로 수행해야 한다. 세계적으로 강조되고 있는 사회복지 조직의 책임성(責任性, Accountability)을 이룩하는 과제이다(Sung, 1982; Sung & Katan, 1984).

위의 두 가지 목표를 책임성 있게 달성하는 데는 바람직한 실적을 생산하는 관리가 이루어져야 한다. 이런 바람직한 관리를 '*생산적 관리*'라고 부르고자 한다. 이 책에서 생산적 관리를 시설 관리자가 실행하는 데 필요한 요건을 살펴서 가려내어 논의하고자 한다.

제1장 인간중시적 가치지향

1. 시설이 간직하는 이념

시설마다 설립이념이 정관에 명시되어 있다.

사회복지 시설은 이 이념을 사회를 위해서 실현함을 그 존재 이유로 삼는다. 이 이유는 거의 어김없이 공동사회 복리를 증진하는 데 관한 것이다. 시설은 이런 목표를 달성함으로써 사회로부터 운영과 생존에 필요한 자원과 협조를 받게 된다.

이 이념은 사회복지 시설의 정신적 바탕이 되는 인간중시적 가치로서 돌봄서비스를 비롯한 시설 운영을 위한 활동에 스며들어 시설관리의 방향과 원칙을 결정하는 지렛대 역할을 한다 (Barrett, 2017; Bradford & Burke, 2005; Titmuss, 1976).

'관리'라 함은 시설이 맡은 바 목표를 달성토록 이끄는 과업으로서 이를 위해 시설의 인적 및 물적 자원을 생산적으로 활용하는 방편이다.

이런 생산적 과업을 수행하는 당사자는 시설 관리자이다.

새 시대에 다공화된 시설이 제공하는 돌봄서비스는 규모가 크고 복잡, 다양해져 더 많은 인적 및 물적 자원을 투입해야 함에 따라 관리자의 앞선 관리가 긴요하다.

관리자는 위와 같은 설립이념을 받들면서 개개 성원, 부서, 시설 전체가 달성할 목표를 설정, 명시하고, 설립자와 시설 간 교류를 조정하고, 돌봄서비스를 기획, 전달. 평가하며, 인력관리, 예산 책정, 자금 배정, 자금 조달, 모금 활동 등을 실행한다.

관리자는 이와 같은 역할을 특권을 가지고 실행한다. 하지만, 그는 돌봄서비스를 받는 고객과 돌봄서비스를 전달하는 성원들에게 다 같이 인간중시적 배려를 해야 한다. 관리에 관한 지식과 기술만으로는 관리가 생산적으로 이루어지기 어려우며 고객 및 성원과 호의적 관계를 유지하며 협동적으로 운영해 나가야만 된다(홍용기, 2017).

무엇보다도 고객을 인간중시적으로 돌보고 성원들에게도 인간중시적 대우를 해야 한다. 고객과 성원은 다 같이 시설이 받들어야 할 귀중한 사람이기 때문이다.

조직은 어떠한 원료/자원을 받아들여 사회가 필요로 하는 산물/결과를 만들어 낸다. 산업조직의 경우는 예로 철광석을 가공하여 철판을 만들어 시장에 내보낸다. 하지만 사회복지 조직의 경우는 물건이 아닌 사람을 받아들여 새로운 삶을 이룰 수 있는 사람으로 바꾸어 내는 역할을 한다. 즉, 사람(고객)을 원료로 받아들여 이를 가공(돌봄서비스 제공)하여 더욱 나은 제품(문제를 해소하여 재활할 수 있는 사람)으로 바꾸어 사회에 내어 보내는 것이다.

이처럼 산업조직과 사회복지 조직의 근본적 차이는 가공(돌봄)하는 대상이 전혀 다른 것이다. 즉 사람과 물건의 차이이다. 그러므로 사람을 돌보는 데 사용하는 방법은 철판을 만드는 데 사용하는 방법과 같을 수 없다.

존엄성을 간직한 고귀한 인간을 대상으로 하기 때문이다.

시설이 간직한 이념(가치)은 시설이 맡은 바 목표를 사회를 위해 책임성 있게 달성하는 데 크게 영향을 미친다. 사회복지 시설이 받드는 이념은 어려움에 부닥친 사람들에게 인간존중의 도덕적 가치를 발현하며 돌봄서비스를 제공토록 이끄는 우세한 힘이다(Barrett, 2017).

이런 이념은 시설 활동의 방향을 제시하고, 시설의 목표 수행 방법을 선택하도록 하며, 시설의 외부지향적 활동과 내부지향적 활동을 바람직하게 수행토록 이끄는 우세한 힘이 된다.

하지만 일상적으로 이러한 눈에 보이지 않은 이념(가치)을 시설 성원들은 거의 감지하지 않고 업무를 수행한다.

생산적 관리자는 시설의 업무수행을 위해 이 이념을 성원들에게 분명히 밝히는 활동을 여러 시점에서 여러 가지 방법으로 해야 한다.

우리 사회에서 보편화하여 있는 사회복지 이념은 다시 말해서 인간을 존중하는 이념이다. 이 이념은 시설의 정체성을 이룩하며 관리자와 성원의 사고방식과 행동 양식을 좌우하게 된다. 게다가 구호, 상담, 치료, 예방, 학대방지, 폭력 예방, 빈곤 해소 등 모든 인도적 돌봄서비스에 영향을 미치는 우세한 가치이다.

관리자는 이런 이념, 가치에 순응하여 시설을 이끌어야 한다. 이 이념, 가치는 각 부서와 계층에 배속된 여러 성원의 업무수행과 시설의 총체적 목표를 생산적으로 수행토록 이끄는 힘이 되어야 한다.

2. 고객을 존중하는 가치

고객을 인간존중과 인간애를 발현하며 돌본다는 원칙은 사회복지 시설의 관리자와 성원들이 다 같이 지켜야 하는 엄중한 윤리적 규범이다.

고객은 이웃이고 나의 공동체 성원이기에 앞서 존엄성을 간직한 고귀한 사람이다.

사회복지 돌봄은 어려움에 부딪힌 사람을 인간적으로 보살피는 도덕적 기틀 위에서 시작되고 발전되어 왔다. 즉 돌보아지는 사람과 돌보는 사람 사이에 인간을 중시하는 도덕적 행위가 이루어지는 것이다.

우리가 이어받은 인간을 중시하는 문화적 가치를 기틀로 이와 같은 도덕적 돌봄서비스를 발전적으로 실행해 나가야 하겠다(성규탁, 2021).

돌봄서비스를 제공하는 데 지켜야 하는 기본 원칙은 사람이 태어나서부터 간직하는 존엄성(尊嚴性)을 받드는 것이다.

다음 경전은 인간은 존귀함으로 존엄성을 마땅히 받들어야 함을 가르치고 있다.

> "천지의 기(氣)를 받아 생겨나는 것 중에서 인간만큼 귀한 존재는 없다. 이 귀한 인간을 위한 행위 중에서도 존중하는 것이 제일 중요하다." (효경, 성치장).

이러한 사람을 존중하는 가치를 조선의 문화적 맥락에서 교시한 분이 우리의 사회윤리에 커다란 영향을 미친 조선 유학의 중심인물 퇴계(退溪 李滉)이다.

퇴계는 사람 존중(人間尊重)과 사람 사랑(人間愛)의 고귀한 가치를 고창하였다(이황, 퇴계집; 성학십도). 이 가치는 인간의 존엄성을 받드는 가치로써 우리 문화에서 발현되어야 할 고귀한 가치로서 상존하고 있다(박종홍, 1960; 나병균, 1985; 금장태, 2001; 도성달, 2012).

고객의 존엄성을 받든다고 함은 그를 태어나서부터 인권을 간직한 고귀한 사람으로 대하고, 그의 의견과 소망을 중요시하고, 그의 자기 존중감을 높여 주며, 그를 돌보아 주는 것이다. 그를 멸시하거나, 값이 없는 인간으로 보거나, 귀찮은 존재로 보거나, 무시, 배제하며 방치상태에 놓아둘 때 존엄성은 훼손

된다.

윤리학자들은 사람의 매우 간절한 욕구는 존엄함을 인증받는 것이라고 단언한다(Downie & Telfer, 1969; Dillon, 1992; Ghusn et al., 1996).

존엄성을 인증받는 고객은 자기 존중감을 높이고, 자신을 쓸모 있는 사람이라고 여기며, 그의 문제를 제공자에게 솔직히 토로하고, 시설 세팅에서 진행되는 돌봄 과정에서 제공자와 협조적 관계를 이루게 된다(Sung & Dunkle, 2009; Gambrill & Gibbs, 2017).

사회정책연구의 선구자 R. Titmuss(1976)는 다음과 같이 정의하였다.

"사회복지는 사회적 가치와 인간관계에 관한 것이다."

이 말은 사회복지 돌봄은 보편화해 있는 인간중시적 가치를 바탕으로 고객과 제공자 간 상호관계를 통하여 제공되어야 함을 뜻한다.

고객을 존중하며 돌보고, 가족과 사회의 문제를 예방, 치유해서 생의 질을 향상하여 사회정의를 지키는 과업은 바로 인간중시적 가치를 실현함으로써 이루어져야 한다(Mehr & Kanwischer, 2004; 양옥경, 2017; Blomberg, 2020). 이러한 가치실현은 사회복지 시설의 세팅에서 이루어진다.

이런 실현이 이룩되도록 시설을 운영하는 과업은 곧 시설 관리자의 몫이다.

3. 시설 성원에 대한 존중

시설조직을 구성하는 성원들도 역시 고귀한 사람으로서 존엄성을 간직하며 존경받으면서 윤리적 대우를 받을 권리가 있다.

생산적 관리의 필요조건의 하나가 시설 성원을 인간중시적으로 관리하는 것이다.

성원들을 존중하며 이들의 개인적 가치(중요성)와 성장(발전)을 호의적으로 인정, 존중해 줌으로써 자존감과 성취감을 높여 주어 최대한의 자기표현을 할 수 있도록 이끌어 나아간다. 이렇게 함으로써 시설의 생산성을 증진할 수 있다.

Likert(1987)가 창도한 생산적 관리는 원래 인간존중 성향이 충만한 방법이다. 다음 장에서 그의 생산적 관리의 이런 성향에 관하여 논의한다.

제1부

사회복지 시설관리

제2장 생산적 관리

1. 생산적 관리자

시설이 위와 같은 가치를 실현토록 조율함은 중차대한 과업
이다. 관리자는 이 과업을 생산적으로 수행해야 한다.

조직 연구의 세계적 석학 R. Likert(1987)가 제시한 생산적
관리자는 M. Weber(1947)의 폐쇄적 조직에서와 같이 위계적
으로 강압적인 권위를 행사하며 성원들을 사사건건 간섭하고
통제하는 작업환경을 조성하지 않는다. 문서화된 규정에 따라
성원들을 기계부품과 같이 취급하고, 이들과 협의치 않고 작업
방법을 정하여 작업예산을 편성하고, 작업과정에서 이들의 자
존감을 무시하며 비인간적으로 압력을 행사하지 않는다.

생산적 관리자는 위와 같은 억압적이고 통제적인 권위행사
는 성원들의 반감과 원성을 사게 되고, 이들의 사기와 작업 의

욕을 저하하여 작업의 효과성을 이룩하지 못한다고 믿는다.

이런 믿음을 가진 관리자는 성원들이 광범위하게 참여토록 한다. 즉 작업목표 설정, 예산 책정, 비용 절감, 작업 진행 계획 등 시설이 행하는 다양한 과업에 참여하여 시설목표를 공동으로 추구토록 이끈다(오석홍, 2016; 임창희, 2020: 487).

성원들에게 호의적으로 작업수행을 이끌어 주고, 훈련 및 교육을 받을 기회를 제공하고, 성원 각자의 능력에 알맞은 일을 맡도록 하고, 마땅한 자리와 위치로 이동 또는 승진토록 지지해 준다.

이와 같은 조건을 마련하는 생산적 관리자는 성원의 개인적 가치(중요성)와 성장(발전)을 호의적으로 인정, 존중해 줌으로써 그가 자율적으로 시설을 위해 과업을 수행토록 동기를 유발한다(Perrow, 2014; 홍용기, 2017; Bradford & Burke, 2005).

이러한 생산적 관리는 조직 전체에 상호신뢰하는 조직 문화를 조성하여 모든 성원들이 조직 목표를 동일시하여 목표 달성에 공동으로 기여토록 한다.

이러한 조직 문화가 이루어진 맥락에서 생산적 관리자는 다음과 같은 관리에 임한다.

2. 시설관리의 영역

사회복지시설관리의 영역을 다음 3가지로 구분할 수 있다.

1) 관리 방침의 기획, 설정 및 집행

먼저 시설의 인간중시적 이념을 발현하기 위한 기본적 방침을 설정해 놓는다. 그리고는 지방자치단체(정부)의 정책 및 시행세칙을 검토하고, 운영자원을 확보하고, 지역 내 관계 기관 및 단체와 교류하고, 지역의 인구학적 변동을 파악해 나가고, 새로운 돌봄서비스 방법을 확보하고, 지역의 정치적 상황을 분석하는 등의 과업을 두루 실행해 나간다.

2) 시설관리에 대한 총괄적 방침과 각종 돌봄서비스의 우선순위 설정

다음으로 돌봄서비스 프로그램이 지역사회에 미치는 영향과 아울러 사회환경이 시설에 미치는 영향을 살펴나간다. 위의 관리 방침을 구체적 돌봄 사업에 적용하여 환경변화에 따라 수정해 나간다. 고객을 위한 인간중시적 돌봄서비스에 최대한의 에너지를 투입한다. 시설의 목표를 이 프로그램을 통해 실행하고, 조정이 필요한 사항을 상부에 건의하여 전달체계를 개선해 나간다.

3) 돌봄서비스 프로그램의 모니터링, 평가 및 개선

그리고는 성원들의 돌봄서비스 프로그램 운영을 감독, 점검하며 주기적으로 평가, 개선해 나간다. 시설이 확장되어 다공화되는 맥락에서 다수 분리된 세팅에서 운영되는 개개 돌봄서비스를 감독하며 생산적으로 실행토록 개선해 나간다.[3]

3. 시설의 중심적 역할

생산적 관리자는 위와 같은 바람직한 기능을 시설이 수행토록 축소된 관료제, 지도력, 전문인력, 재정자원, 유연성, 발전된 커뮤니케이션 네트워크 등을 갖추어 성원들이 시설 운영에 광범위하게 참여하며 자율적으로 돌봄프로그램을 운영토록 이끌고 이의 결과를 평가해서 관리방법을 개선해 나간다.

위의 3개 영역을 살펴볼 때 시설이 사회복지를 위한 과업의 중심적 위치를 차지함을 알 수 있다.

시설은 돌봄프로그램을 개발, 설정하고 이의 운영방침을 분석, 소화해서 인적 및 물적 자원을 적절히 분배, 활용하여 사회·고객이 필요로 하는 인간중시적 돌봄서비스를 개발, 감독, 평가, 개선해서 전달하게 된다.

---

3) 사회복지 돌봄서비스 프로그램(program)이라 함은 중장기적으로 실행할 돌봄서비스 활동 및 기법, 돌봄 대상 고객, 돌봄을 제공할 요원, 돌봄 세팅, 돌봄 기간, 돌봄을 위한 재정(예산), 달성할 목표, 목표달성으로 이룩할 결과 및 결과 평가를 종합적으로 기획, 설정한 것이다.

이처럼 시설 내부적 관리는 시설 외부의 고객과 사회를 위한 돌봄서비스의 실행 및 개선과 직결된다. 중복되거나 단편적이거나 비연속적인 돌봄서비스를 바로잡고, 이 서비스에 대한 고객의 접근을 쉽게 하고, 고객의 참여를 권장하여 돌봄서비스 프로그램을 인간중시적으로 운영하는 데 관심을 집중한다.

위의 3개 항목은 시설을 관리하기 위한 기획(企劃)과 관련된 과제이다. 이 과제가 모든 과업에 앞서야 한다.

다음에 생산적 관리자가 이런 기획을 하는 데 참고할 사항을 간추려 보고자 한다.

제3장 시설관리를 위한 기획

　사회복지 시설은 끊임없이 변동하는 환경에서 운영된다. 고객의 욕구는 시간이 흐름에 따라 달라질 수 있고, 외부가 제공하는 지원금도 일정하지 않을 수 있고, 성원들도 이동, 전근하고, 지역사회 지도자의 관심도 변하고, 언론도 다른 과제에 관심을 끌게 된다. 이러한 시설 내부 및 외부에서 일어나는 변동을 고려하여 관리자는 이에 대응하는 방안을 찾아내어 슬기롭게 대처해 나가야 한다.

　관리자는 소위 '전략적 기획'을 할 수 있다. 이 기획을 통해 시설이 수행해야 할 기본 과업을 명시할 수 있다.

　시설은 현재 과업을 추진하면서 장래 발생할 문제에 대비하는 태세를 갖추어야 한다.

　먼저 시설 운영에 위협이 되는 지원금 감축, 시설 운영에 지장을 초래하는 법률 제정, 고객을 빼앗아 가는 이웃 시설과의 경쟁 등에 대비하는 방침을 세워야 한다.

모든 것이 정상적으로 움직이는 호조건 — 운영자금이 충분함, 고객의 만족도가 높음, 성원과 자원봉사자가 시설에 대해 긍정적인 자세를 가짐 — 을 간직할 때도 생산적 관리자는 예기치 못하는 어떠한 불이익이 닥쳐올 수 있음을 명심하고 이에 대한 대책을 연구, 기획, 수립해 나간다.

이러한 대책을 수립하는 데 관리자가 참고할 수 있는 몇 가지 요건을 들어보고자 한다.

* 먼저 시설이 수행할 기본 과업을 명시한다.
* 현재 진행되고 있는 돌봄서비스를 확인하고 앞으로 2~3년 내에 새로이 제공하기를 원하는 돌봄서비스를 설정한다.
* 운영자금을 검토한다.
* 이어 시설을 둘러싼 환경, 지역사회의 사정을 점검한다.

그리고는 현재 당면하고 있는 다음과 같은 과제를 풀어나가는 데 집중해야 한다.

* 돌봄서비스 프로그램이 인간중시적으로 운영되고 있는가?
* 프로그램을 확장하여 더 많은 고객에게 돌봄서비스를 제공해야 할 것인가?
* 수요가 줄어드는 프로그램을 중단할 것인가?
* 운영자금 활용방식을 개선해야 하는가?
* 성원들을 돌봄서비스 기법에 따라 이전, 교대할 것인가? 재교육해야 하는가?
* 새로운 기획을 하는 데 시설의 지도층이 모두 참석하도록 한다.

* 전략적 기획을 담당하는 그룹을 조직한다.

* 앞으로 2~3년 동안에 시설이 처하게 될 상황을 예측한다.

* 시설의 설립이념을 발현할 사명을 명시한다.

* 시설이 당면한 심각한 문제를 확인한다.

* 앞으로 3~5년 사이에 취하게 될 활동을 명시한다.

* 기획 초안을 주요 성원, 이사회 회원, 시설과 관련이 있는 외부 인사가 감수하도록 한다.

* 기획안을 시설의 사정이 변함에 따라 수정해 나간다.

* 적어도 3~5년에 한 번씩 기획을 수정한다.

위와 같은 일련의 요건에 대한 기획을 함으로써 시설이 달성할 목표를 보다 더 분명하게 밝히고 이의 달성을 지향해 나가는 것이 바람직하다고 본다.

제4장 시설의 목표지향

사회복지시설은 고객과 사회를 위한 특정한 목표를 달성하려고 의도적으로 설립되었다. 즉, '사회적 목표'를 성취하는 효과적 운영을 위한 것이다. 이 사회적 목표를 달성하는 대가로서 사회로부터 자체 유지에 필요한 자원을 얻고 사회적 존립 타당성을 인정받는다.

목표는 시설이 이룩하고자 하는 실적(효과적 업적, 사회적 책임 수행)과 이를 달성하기 위한 성원들의 역할을 명시한다.

생산적인 관리자는 성원 개개인, 각 작업 팀, 각 부서, 시설 전체가 어떤 과업을 어느 정도로, 어느 기간 내에 달성해야 하는가, 즉 추구할 목표를 분명히 공시한다.

이런 목표의 설정은 시설관리의 시발이고 기본이다.

'효과적 관리' - '생산적 관리'

최상의 관리는 설정한 목표를 달성토록 조율하는 것이다. 목표를 효과적으로 달성토록 하는 것이다. '효과적'이라 함은 목표달성을 말하는데, 구체적으로 목표의 70%, 80%, 90% 그 이상을 성취함을 말한다. 이 책에서는 생산적 관리를 이렇게 효과적 실적을 바람직하게 이룩하는 관리라고 본다.

앞서 제시한 Likert의 생산적 관리는 시설 성원들에게 지지적이고, 보상적이며 민주적인 대우를 호의적으로 행하여 이들이 사회적 목표를 효과적으로 달성토록 이끄는 관리방법이다.

이런 생산적 관리를 하는 시설은 윤활유를 주입한 기계와도 같이 잘 돌아가며 시간과 인적 및 물적 자원을 남용치 않는다. 내부적으로 성원들에게 인간중시적 대우를 하면서 부당한 압력과 긴장을 조성치 않고 주어진 자원으로 정한 기간 내에 외부적으로 고객과 사회를 위한 돌봄서비스를 효과적으로 실천해 나간다.

이렇게 생산적으로 돌봄서비스를 산출토록 이끄는 관리자는 시설이 맡은 바 목표를 효과적으로 성취하는 데 불가결한 역할을 한다. 작업 전략을 세우고, 작업 팀에게 작업 방향을 제시하고, 작업 팀 간의 효율적인 커뮤니케이션을 이루고, 설정된 목표를 각 돌봄 세팅에서 정해진 기한 내에 달성토록 이끈다.

바람직한 작업수행은 개개 성원이 맡은 과업을 목표지향적으로 수행하는 데 달려 있다. 이들 각자의 과업수행은 곧 시설 전체의 총괄적 목표를 달성에 이바지하게 된다.

시설이 외부지향적인 사회적 목표를 성취하는 정도는 (시설 내부) 성원들의 업무수행과 (시설 외부의) 고객과 사회를 위한 기여에 따라 결정된다.

따라서 생산적 관리자는 내부적으로는 관료제적 통제를 억제하여 성원들에 대한 부당한 긴장이나 압력을 최소화하고 이들을 존중, 보상, 지지해 줌으로써 작업 동기를 유발하여 외부 지향적 목표를 성취토록 이끌어 나간다. 이는 곧 조직을 효과적으로 이끄는 생산적 관리이다.

이러한 목표지향적 활동, 즉 효과성 달성을 위한 활동을 종합적으로 평가하기 위한 개념적 틀이 필요하다.

하지만 시설(조직)의 복합적인 목표를 기틀로 효과성 분석을 하는 데 연구자들 간에 다양하고 상충되며 혼란스러운 해석이 나왔다.

연구자들의 이런 해석을 간추려 보면 대충 다음 세 가지 방법이 효과성 검증에 적용되었다고 본다(Hasenfeld, 성규탁 역, 1997).

1) 목표달성에 대한 평가에 초점을 둔다
2) 조직 성원들의 특정한 태도 또는 행태에 초점을 맞춘다.
3) 조직과 환경 간의 상호작용 과정과 관련된 요인에 초점을 맞춘다.

이 3가지 중에서 '목표달성 평가'가 널리 지지, 활용되고 있다(Locke & Latham, 2017; Hasenfeld, 2009; 이민홍, 정병오, 2020).

다음 제2부에 제시하는 2원적 목표는 위의 '목표달성 접근'에 속한다.

시설 관리자가 목표를 설정하여 바람직하게 달성토록 관리하는 데 필요한 요건을 살펴보고자 한다.

제2부

목표설정과 수행

제5장 목표에 대한 복합적 시각

시설의 효과성을 이룩함은 곧 설정된 목표를 달성하는 것이다. 앞서 논한 바와 같이 설정한 목표를 70%, 80%, 90% 그 이상 성취함을 뜻한다.

관리자는 이런 목표에 대한 이론적 및 실천적 차원을 이해함이 바람직하다(Blokdyk, 2019; O'Farrell, 2017).

폐쇄적이 아닌 개방적 시각을 가진 연구자들은 시설은 단 하나의 목표를 달성하지 않으며 여러 목표를 추구한다고 본다. 이러한 목표에 대한 견해는 인간관계를 중시하는 조직연구자들의 지지를 받게 되었다.

사실 다수 사회복지 시설은 한 가지 이상의 목표를 추구하며, 목표의 중요성은 시설의 설립이념, 관리자와 돌봄 제공자의 가치관, 고객의 욕구 등에 따라 달라질 수 있다.

게다가 시설목표를 정하는 과정에는 여러 개인과 집단이 가담, 협상하게 되며 시설 안팎의 정치적 및 경제적 상황이 이 협상에 영향을 미친다. 개방체계인 시설은 이러한 복합적 요인이 작용하는 맥락에서 한 가지 이상의 목표를 설정, 추구하게 된다.

시설의 효과성을 평가하는데 다루어야 할 기초적 과제는 이런 복잡한 맥락에서 설정된 복수의 목표를 측정(검증)할 수 있도록 분류, 구분하는 일이다. 제8장에서 목표의 분화와 종합에 관해서 해설한다.

목표는 측정할 수 있어야 하고, 성취할 수 있어야 하고, 정해진 기한 내에 달성되어야 한다.

하지만 사회적 현실에서는 목표가 이렇게 정상적으로 달성되기 어렵게 만드는 부정적 변동이 흔히 일어난다.

1. 시설목표의 변동 성향

관리자는 조직(시설)이 추구하는 목표에 관한 이론적 시각을 이해할 필요가 있다. 다음과 같이 목표가 생산적 또는 비생산적으로 수행될 수 있음을 예상하고 이런 변동에 대처하는 방안을 모색할 필요가 있다.

일찍이 Weber(1947)가 내세운 합리적 조직에서는 관리자가 설정한 목표는 종업원이 어김없이 추구해야 할 규범으로 되어 있다. 하지만 이런 합리적 조직에 대한 비판적 시각을 따르면,

설정된 목표는 그대로만 추구되지 않으며 조직의 생존을 위해, 종업원의 요망에 따라, 그리고 환경적 변동에 따라 수정, 변경될 수 있다.

이런 변경을 예증하는 유명한 사례로서 YMCA의 경우를 들 수 있다. YMCA는 1844년 창립 초기에 영국 London 주변에서 기독교 이념에 따라 아동의 건전한 신체 및 정신을 함양하기 위해 운동과 교육을 하는 제한된 목표를 추구하였다. 그러하던 것이 약 200년이 지난 오늘날에는 그 목표가 크게 변동하여 영국 바깥 세계 여러 나라에서 청소년을 위한 교육, 체육, 지도력 함양, 가족생활 증진, 자선 및 복리 활동, 그리고 회의장 제공, 캠핑 주선, 숙박 시설 제공 등을 하는 다양한 목표를 추구하는 전 세계적 조직으로 변신하였다.

YMCA는 이처럼 설립 초기의 목표를 달리하여 인간중시적이고 다공화된 사회복지 목표를 추구하는 조직의 대표적 사례라고 볼 수 있다. 이 사례는 목표의 전치 현상이 아니라 목표의 바람직한 변동임이 분명하다. 이러한 목표의 변동은 오늘날 국내 여러 인간봉사조직에서도 볼 수 있다.

한국의 어린이재단도 이와 비슷한 목표변화의 좋은 사례가 된다. 이 재단은 한국전쟁 동안 발생한 고아 돌봄 사업에서 시발하여 오늘날 전 세계 다문화 권의 다 국가에서 어린이와 가족을 돌보는 다변화된 목표를 추구하는 다공화(多公化)된 조직으로 변신하였다.

위와 같은 바람직한 목표 변동이 있는가 하면 그렇지 못한 다음과 같은 전치 현상도 엿볼 수 있다.

2. 목표의 전치(轉置)

바람직하지 않는 목표의 전치는 설정한 목표를 추구하지 않고 다른 목표를 추구함을 말한다. 관리자와 성원이 시설의 설립이념을 중요시하지 않고, 자신의 이익과 편의를 도모함으로써 변경되며, 환경적 또는 정치, 재정적 사정으로도 변동하는 경우이다.

예로 한 노인복지관의 사례를 들어 볼 수 있다.

지역 내 저소득층 고령자를 위해 지방정부 지원과 지역주민의 헌금으로 설립된 노인복지관은 생활이 어려워서 허술한 옷을 입고 머리치장을 못 한 고령자에게 음식 제공, 상담, 구호, 가족지원을 목적으로 운영되기 시작했다. 이런 돌봄을 수년 동안 행하는 과정에서 새로 취임한 관리자인 관장이 그의 개인적 취향과 가치관에 따라 문화예술 교육 및 시범 프로그램을 도입, 실시하게 되었다. 복지관 요원의 에너지 대부분이 이 프로그램에 투입되었다. 이런 변동이 일어나자 좋은 옷을 입고 몸치장을 잘하며 문화예술 프로그램 참가비를 낼 수 있는 비교적여유 있는 고령자가 모여들기 시작했다. 이럴 능력이 없는 저소득 고령자는 그 수가 점차 줄어들어 갔다. 이렇게 복지관이 원래 목표를 수행치 않고 빈곤 노인이 배제되는 실황을 알게

된 지역지도자와 지방정부 감독관은 이 복지관에 대해 수차 감사를 하고 복지관 관장에게 경고를 보낸 후 급기야 그를 파면하는 행정조치를 취하게 되었다. 이는 저자가 직접 목격한 목표 전치의 사례이다.

이 사례와 같이 관리자가 고의로 목표를 바꾸는 경우가 있는가 하면 설정된 목표를 추구하는 과정에서 목표가 조직 안팎의 사정 때문에 바뀌는 경우도 있다.

예로 공식 목표인 고객을 위한 돌봄프로그램을 실행하는 과정에서 제공자인 성원에게 과중한 업무량을 부과하고 과도한 긴장과 피로를 주어 유능한 요원의 이직률이 늘어나고 작업능력이 쇠퇴하여 관리자는 급기야 시설의 자원을 성원을 위한 보상과 복리를 위해 투입하게 되었다. 이런 방법으로 시설 내부유지 목표는 달성되어 갔지만, 시설의 외부지향적인 고객 돌봄서비스를 전달하는 노력은 축소, 감퇴하는 현상이 나타났다.

위와 같은 목표를 바꾸는 전치 현상을 보아 시설은 설정된 목표를 그대로 추구하지 않는다는 시각이 맞아 들어간다. 즉 시설목표는 시설 안과 밖의 역동적 사정에 따라 변경될 수 있는 것이다.

관리자는 위와 같은 조직목표의 변동이 발생할 수 있음을 이해하고 관리에 임해야 한다.

제6장 시설이 추구할 목표의 모델

시설의 효과성이란 설정된 목표를 바람직하게 달성함을 뜻한다. 조직의 목표 대 효과성에 관한 연구자들의 다양한 견해가 나왔으나, 모두가 효과성을 포괄적으로 설명하는 이론적 틀을 제시하지 못하였다. 이러한 어려움의 주요인은 시설이 추구하는 목표가 복합적이며 목표 대 효과성에 대한 해석이 분분하고 복잡하기 때문이다. 이 때문에 조직 효과성에 대한 해명이 제한적이었다.

이러한 답답하고 어려운 판국에 조직(시설) 목표를 2가지로 나누는 *2분화 개념의* 이론적 틀이 등장하였다.

목표의 2분화

A. Etzioni(1964)는 조직의 생존을 효과성 기준으로 제시하고, E. Yuchtman과 S. Seashore(1967)는 조직의 자원확보 능력

을 효과성 기준으로 제안하였다. 이와 같은 포괄적이지 못한 효과성에 대한 시각에 이어 C. Perrow(1961), E. Gross(1969) 등 조직연구자들은 조직의 목표를 두 가지로 나누어 볼 수 있다는 데 착안하여 2분화(2分化)에 관한 논의를 시작하였다. 이들의 논의는 조직목표는 조직 외부와 관련된 목표와 조직 내부와 관련된 목표로 나눌 수 있다는 데 관한 것이다. 즉 사회적 목표(social goal)와 내부적 목표(internal goal)로 구분하는 것이다.

이러한 2분화 논의를 조직연구자들은 설득력이 있는 접근으로 받아들였다.

1. 2원적 목표

미시간대학 공공정책학 교수 L. Mohr(1973, 2014)는 위와 같은 2분화 개념에 준하여 보다 더 체계적이며 실용적인 목표분류 방법으로서 '2원적 목표'(二元的 目標 the dual-goal)를 제시하였다. Mohr 교수(저자의 박사학위 과정 지도교수)는 조직은 독립되면서도 밀접히 연계된 2가지 목표를 동시에 추구한다고 규정했다. 즉 이행적(移行的 transitive) 목표와 반사적(反射的 reflexive) 목표의 달성이다.

먼저 이행적 목표는 *외부지향적 목표*로서 조직 외부인 사회를 위해서 달성할 목표를 말한다. 이 목표달성을 위해 사회복지 조직은 돌봄서비스 프로그램을 실행한다. 즉 돌봄서비스를 외부인 사회로 전달함으로써 사회가 기대 또는 요구하는 영향을 사회에 미치는 것이다. 즉 사회적 목표(social goal)의 달성이다.

다음 반사적 목표는 *내부지향적* 목표로서 시설 자체의 생존과 유지를 이룩하는 목표이다. 시설을 구성하는 성원들에게 합당한 보상을 주어 이들이 시설에 적절히 공헌토록 유도하는데 주목적이 있다. 따라서 이 목표는 시설 내부 또는 자체를 위한 것이다.

시설이 외부지향적 목표를 강조하는 정도는 돌봄서비스 프로그램 운영에 투입되는 인적 및 물적 자원의 질과 양을 검토하면 알 수 있고, 내부지향적 목표를 강조하는 정도는 성원들에 대한 인간적 지지와 물질적 보상을 보면 알 수 있다.

시설로서는 이런 외부지향적 목표와 내부지향적 목표가 동등하게 중요하다.

두 목표는 서로 보완, 지지하는 관계에 있기 때문이다. 따라서 두 목표는 평형(균형)을 이루어 달성되어야 한다. 성원들을 생산적으로 대우하는 내부지향적 목표가 잘 수행되면 고객과 사회를 위한 외부지향적 목표도 생산적으로 수행될 가능성이 크다. 즉, 외부지향적 목표가 바람직하게 수행되면 사회로부터 자원과 협조를 잘 받아 내부지향적 목표도 바람직하게 수행되기 마련이다.

시설은 때에 따라 한 가지 목표를 더 강조할 수 있다. 그러나 외부지향 목표 아니면 내부지향 목표 한쪽에 상당한 기간 더 많은 자원을 투입해 간다면 바람직하지 못한 시설목표의 전치 현상이 일어날 수 있다. 시설목표의 중요성 정도가 뒤바뀌거나 평형을 이루지 못하게 되는 것이다.

따라서 시설 내부의 성원들을 위한 대우와 시설 외부의 고객에 대한 돌봄서비스를 연계해서 고려해야 한다. 두 가지의 대조적이면서도 상호의존적인 목표들에 같은 무게를 두는 것이다.

이 이론적 틀은 수다하고 다차원적인 목표를 추구하는 다목적 시설을 운영하는 관리자에게 목표의 설정, 관리 및 평가를 비교적 편리하고 쉽게 할 수 있도록 하는 이론적이면서도 실무적인 방편이 될 수 있다고 본다.

이런 바람직한 특성을 간직한 2원적 목표를 이 책의 주제인 시설의 생산적 관리를 논의하는 데 적용하고자 한다.

2. 2원적 목표에 대한 이론적 해설

앞서 지적한 바와 같이 사회복지 시설을 감독, 지원하는 한국 정부는 공교롭게도 아래 두 가지 목표 − 외부지향적 목표와 내부지향적 목표 − 를 추구할 의무를 제시하였다(보건복지부, 2020).

* 질이 좋은 돌봄서비스를 사회에 제공할 것
* 조직 성원들에게 마땅한 대우를 할 것

이 2가지 의무는 곧 한국의 사회복지 시설이 수행해야 할 외부지향적 과업과 내부지향적 과업을 명백히 제시한 것이며 2원적 목표의 틀에 걸맞은 것이다. 시설 관리자가 수행할 기본적 과업을 분명히 제시하고 있다.

(1) 외부지향적 목표

사회복지시설은 사회적 목표를 합리적으로 추구하는 특성을 가진다(Hasenfeld, 성규탁 역, 1997: 122~158). 즉 이러한 시설은 분명히 제시된 목표를 달성하기 위해 설립된 꾸밈으로써 계획된 바와 꼭 들어맞고, 논리적이며 사람의 감정이나 기호로부터 영향을 받지 않은 수단이라고 본다. 이러한 시각으로 다음과 같은 가정을 새울 수 있다.

즉 시설은 달성하고자 하는 목표를 분명하게 설정해서 공시하고, 산출하고자 하는 결과를 예측 또는 예정할 수 있고, 이런 결과를 이룩하기 위해 목표지향적인 공식구조(성원들의 정실에 구애되지 않은 상호관계)를 갖추어 이를 통해 인적 및 물적 자원을 합리적으로 조작할 수 있다. 이러한 접근은 목표성취를 강조함으로써 시설의 존재 이유를 정당화하는 장점이 있는 것이 사실이다.

하지만 이 접근은 개방체계 논자들이 역설한 바와 같이 시설을 유지하는 데 필요한 성원들의 인간적·사회적 상호작용 및 협조·기여와 수시로 변동하는 환경에 대응하는 시설의 유연성을 고려하지 못한다. 게다가 시설 성원들의 행동은 반드시 합리적으로만 이루어지지 않는다는 사실을 중요시하지 않는다 (임창희, 2020).

앞서 제시한 Likert의 생산적 관리 원칙이 수렴, 실행되지 않는 것이다.[4]

(2) 내부지향적 목표

위와 같은 외부지향적 목표는 시설이 달성코자 하는 과업 가운데 한 가지에 불과하다. 이 목표 외의 필수적 과업이란 모두가 시설 자체 유지를 위한 것이다.

이 자체 유지에 관해서 Likert(1987)의 생산적 관리는 분명히 알려주고 있다.

그가 제시한 생산적 관리는 권력을 분산하여 성원들이 작업 수행에 대한 권력을 갖도록 하고, 이들을 존중하며 지지함으로써 인간적 성장 및 성취를 이루도록 하며, 자존감을 높여 작업 동기를 유발하여 자율적으로 시설에 이바지토록 이끈다. 그는 시설(조직)이란 사람들의 집합체이며 시설 내의 사람 문제는 곧 개개 성원의 문제로 본다. 그래서 성원의 만족과 사기를 생

---

[4] 사회복지 시설의 대표적인 외부지향적 과업은 사회복지 프로그램(program)의 운영이다. 시설은 이 프로그램을 운영하기 때문에 사회로부터 자원과 협조를 받고 그의 존재 타당성을 인증받는다. 전술한 바와 같이 사회와 고객 그리고 감독자와 자금제공자는 모두가 이 프로그램 운영을 보고 시설을 평가한다. 제14장에서 프로그램 예산 관리에 관해서 논의한다.

산성의 원동력이라고 가정한다. 개개 성원이 최대한의 자기표현을 할 수 있는 시설을 지향한다. 성원들 간의 과도한 긴장을 해소하고 이들의 유연성과 잠재력을 이룩하는 조직구조를 갖추지 않고서는 항상 변동하는 때와 상황에 대응할 조직 내부체계를 유지해 나갈 수가 없다고 본다(임창희, 2020).

생산적 관리는 인간중시적 가치가 충만한 관리방법이다.

통합의 필요성

Weber의 폐쇄적 접근은 시설의 합리적 특성을 내세웠지만, 시설 내부 성원의 인간적 욕구와 사회관계를 무시하였다. 한편 개방적 접근은 성원의 인간적 충족과 시설 생존에 초점을 두는 장점이 있으나 외부지향적 목표의 중요성과 시설의 합리성을 강조하지 못했다. 다행히 Gouldner(1959)는 합리적 접근과 체계적 접근의 결합 내지 연합을 내세웠다.

즉, 사회복지시설은 자체를 위한 내부적 목적뿐만 아니라 외부를 위한 사회적 목표를 달성하려고 설립된 사회체계로 보는 것이다. 외부와 내부를 위한 두 가지 목표를 추구하는 체계이다.

시설의 효과성은 이런 상호 연계되고 상호 보완하는 이원적 목표를 어느 정도 평형을 이루어 달성하느냐에 따라 결정될 수 있다.

H. Simon(1964)의 시각에 따라 시설(조직)은 내적 및 외적 환경과 연관된 여러 활동의 항상성(恒常性 homeostasis: 상호

연관된 여러 요인이 고르게 평형을 이루는 상황)을 유지하는 하나의 개방체계로 볼 수 있다. 이 체계에서는 내적 효과성 기준이 높게 달성될 경우 외적 효과성 기준도 높게 성취된다.

효과성 영역

위의 2원적 목표의 틀을 기틀로 다음 두 개의 효과성영역(效果性領域)으로 이루어진 목표지향 활동의 영역을 구별할 수 있다.

(1) 외부지향적 효과성 영역
(2) 내부지향적 효과성 영역

각 영역에서 타당하고 합의되는 하위목표 또는 이를 지지하는 활동을 선정해서 이를 지표로 삼아 효과성을 검증할 수 있다.

앞서 지적한 바와 같이 사회복지 시설을 관리, 지원하는 한국 정부는 공교롭게도 아래의 두 가지 목표 ― 외부지향적 목표와 내부지향적 목표 ― 를 추구할 의무를 제시하였다(보건복지부, 2020).

(1) 질이 좋은 돌봄서비스를 사회에 제공할 것
(2) 조직 성원들에게 마땅한 대우를 할 것

이 2가지 의무는 곧 한국의 사회복지 시설이 수행해야 할 외부지향적 과업과 내부지향적 과업을 명백히 제시한 것이며 2원적 목표의 틀에 걸맞은 과업이다. 게다가 이러한 틀은 국가적 인증과 사회적 타당성을 갖추고 있다고 볼 수 있다.

제7장 2원적 목표추구의 실례

1. 노인요양원

　노인요양원은 돌봄서비스 프로그램을 여러 작업부서에서 여러 돌봄서비스 전달자가 여러 노고객에게 제공하고 있다. 다공화된 프로그램을 운영하고 있다.

　앞서 논한 바와 같이 돌봄서비스 프로그램은 시설이 사회를 위한 외부지향적 과업을 실행하기 위해 설정한 한 세트의 돌봄서비스이다. 즉 '미리 짜인' 돌봄서비스를 뜻한다. 짜인 내용으로서 돌봄서비스의 유형 및 기법, 돌봄 대상자(고객), 제공할 전문 및 비전문 요원, 돌봄 세팅, 돌봄 기간, 돌봄을 위한 재정(예산), 돌봄 결과가 이룩할 최종 결과를 종합적으로 기획, 설정한 것이다.

　이러한 프로그램은 시설의 사회적 목표달성을 보여 주는 외부지향적 업적이 된다. 사회, 감독자 및 자금제공자는 이 프로그램의 운영상황을 보고 그 시설의 업적과 질을 평가한다.

이 프로그램을 실행하는 맥락에서 요양원은 여러 하위체계로 분화되어 각 부서, 각 세팅에서 제각기 2원적 목표를 추구하게 된다.

이런 맥락에서 프로그램이 운용된 사례로서 최재성 교수가 실행한 전국의 노인요양원에 대한 사회조사를 들 수 있다(최재성, 2017). 이 조사에서 산출된 경험적 자료를 바탕으로 요양원이 추구하는 목표를 다음 두 가지로 구분해 보았다.

먼저 외부지향적 효과성 영역에서는 요양원 돌봄서비스 프로그램이 지향하는 다음 2가지 지표이다.

(1) 고객에 대한 인간중시적 돌봄 제공
(2) 돌봄 대상 고객의 확보

이어 내부지향적 효과성 영역에서도 다음 2가지를 정하였다.

(1) 요원들 간 긴장 및 갈등 해소
(2) 조직의 유연성 증진

조사대상 요양원은 위와 같은 지표들이 나타내는 시설의 기능을 바람직하게 수행하지 못하고 있었다. 그래서 이 기능을 수행토록 생산적 관리를 함으로써 효과성을 증진할 수 있을 것으로 가정하였다.

그림 1은 요양원의 효과성 영역과 지표가 보편성과 특수성 측면에서 어떻게 서로 연계, 합치되었는가를 보여 주는 계층적 도표이다.

그림 1. 요양원의 이원적 목표

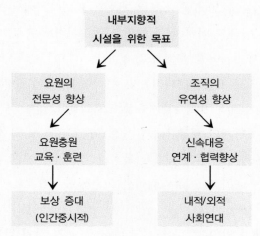

위의 외부 및 내부지향적 효과성 영역별로 선정한 지표들 및 하위지표들이 요양원의 효과성을 측정하는 모든 지표를 포함한 것은 아니다. 다만 요양원이 효과적으로 목표를 달성해 나가려면 이러한 일련의 지표들이 실행되어야 한다는 가정하에 선정된 것이다.

효과성 지표를 선정하는 데는 여러 가지 이론적 및 방법상의 문제들이 있다. 지표를 선정(가려냄)한다는 뜻은 그 가려낸 지표들이 현실과는 어느 정도 차이가 있음을 시사한다.

2. 사회복지관

H 노인복지관은 사랑의 빛으로 하나 되는 세상을 지향하는 이념을 기틀로 2000년 초부터 저소득 지역사회에서 고령자의 일상생활 질을 높이기 위한 다양한 돌봄서비스 프로그램과 치매 노인 데이케어를 운영하고 있다.

노인복지관 관련 법(1981) 및 시행령(1982)에 준거하여 예방, 보호, 통합의 3대 기능 중심 프로그램을 실행한다.

지방자치단체의 행정감독과 재정지원 하에 나라의 노인복지 정책에 준거하며 투명성 있게 복지관 테두리 안에서 다공화된 복지사업을 발전된 커뮤니케이션을 통해 모범적으로 운영하고 있다.

법적 배치 인원수를 확보하고, 자격증 소지 직원 비율 100%

를 유지하며, 근속직원 수(근무경력 3~5년 이상)를 보유하고 있다. [관장, 사회복지사(4명), 영양사, 취사원(3명), 자원봉사자 (수 명).]

1) 외부지향적 사업

아래와 같은 여러 유형의 돌봄서비스를 여러 작업부서에서 여러 돌봄 요원들이 여러 노고객에게 제공하고 있다. 다공화된 돌봄서비스 프로그램을 운영하고 있다.

점심식사, 상담, 서화 클럽으로 시발한 복지관의 돌봄 사업은 지난 10여 년 동안 개발, 확장되어 치매 노인을 위한 데이케어를 포함한 다양한 돌봄서비스를 제공한다. 복지관 조직 테두리 안에서 다공화 현상을 이루고 있다.

〈식사〉	〈상담〉	〈레크리에이션〉
점심	재가/독거노인지원	(나들이, 관광)
간식	구호	교통편
도시락(배달)	의뢰	동반
	정보제공	휴식, 오락 등
	법률상담	
	재활	
	자원봉사 등	

[보조적 돌봄]	[지역사회 지원]	[데이케어 사업]
보건, 재활 건강 영양 음악(연주, 감상) 미술, 서화(제작, 전시) 조화(제품, 전시) IT(용법 지도) 독서(도서실이용) 운동(탁구, 체조 등) 발표회, 전시회 미용/이발 등	유관기관 교환 지역복지 개발 가족통합 등	치매 고령자 돌봄 주간 보호 등

2) 내부지향적 사업

내부지향적 사업은 아래와 같은 업무관리, 요원관리, 유관기관교류, 모금/기부관리와 관련된 사업으로 간추려 볼 수 있다.

* 전문성향상: 교육비 지급, 연수(워크숍/세미나) 참여
* 안정적 근무환경: 사고 예방, 휴식공간
* 신축성 함양: 실행규칙, 고객 욕구 등의 변동 대처
* 화합 증진: 고객, 구청관리, 주민센터요원과의 협동 관계 개발
* 커뮤니케이션 시스템 활용
* 바자 개최, 모금, 후원금 모금
* 자원봉사자 확보
* 고충 처리: 부당한 압력, 긴장 해소

* 휴가: 안식년, 해외연수, 특별 휴가
* 포상: 장기근속자 진급, 직급 상향, 월급인상; 경조사비 지원

위와 같이 복지관의 요원들은 마땅한 물질적 보상과 심리적 지지를 받으면서 고령자의 일상생활 질을 높이기 위한 다공화된 돌봄서비스 프로그램을 실행하고 있다. 즉 내부지향적 및 외부지향적 관리가 대체로 형평을 이루어 실행되는 복지관 세팅에서 복무하고 있다.

해당 지역사회 한복판에 위치하며 비교적 소수 요원이 다수 고령자가 필요로 하는 다양한 돌봄서비스를 정체성과 이타성을 갖추어 제공하면서 보람 있는 전문직 경로를 밟고 있다. 점심식사, 서예 클럽 등 제한된 돌봄서비스로 시발한 소규모 복지사업을 교육, 보건, 레크리에이션, 이·미용 서비스, 도시락택배, 자원봉사 등 다양한 돌봄서비스를 보태어 확장하였다. 게다가 저소득 노인에게 긴요한 치매 노인 케어센터를 부설해서 다공화를 증대하여 복지관의 위상을 높였다.

다양하고 복합적인 돌봄 사업을 구청 요원 및 동 회장과 협조 관계를 유지하며 연관단체/집단과의 제휴, 협동을 통해서 원활히 운영해 나간다. 부속 치매 노인 케어센터는 감독기관으로부터 여러 차례 표창을 받았다.

이 복지관은 요원들에 대한 관료적이고 통제적인 운영을 지양하고 민주적으로 지지적이며 참여적인 관리를 한다. 애정과 존중으로 이루어진 가족과 같은 소규모 공동체를 이루고 있다.

이러한 생산적 관리를 하는 유능한 리더를 갖추었다.

3. 보건소

고객의 돌봄서비스에 대한 만족도를 효과성 기준으로 삼았다.
1) 돌봄 요원의 고객에 대한 개입과정을 수평적으로 아래와 같이 세분하여 이 모든 과정에 걸쳐 고객이 만족하는 정도를 평가함으로써 돌봄프로그램의 효과성을 검증하였다.

개입(돌봄 요원)

예약(보조원) → 방문(보조원) → 접수(보조원) → 면담(간호사) → 치료(의 사) → 면담(간호사) → 면담(사회복지사) → 예약(보조원) → 퇴원(보조원)

2) 아울러 돌봄 활동이 진행되는 과정(process)에 따라 아래와 같이 수평적으로 하위단위를 구분해서 각 하위단위에 대한 만족도를 평가하여 이 결과를 종합해서 돌봄프로그램의 효과성을 파악하였다.

1. 예약과 입원 사이의 기다리는 시간
2. 전화로 보건소로부터 받은 도움
3. 보건소 대기실의 안락도
4. 접수원을 만날 때까지의 기다리는 시간
5. 원장을 만날 때까지의 기다리는 시간

6. 원장이 고객을 위해서 보내는 시간

8. 원장이 고객의 문제에 대해 보여 준 관심도

9. 원장으로부터 받은 도움의 정도

10. 원장이 설명해 준 정도

11. 고객의 사비밀을 지켜준 정도

12. 간호사가 설명해 준 정도

13. 간호사가 보여 준 관심도

14. 간호사로부터 받은 도움의 정도

15. 보건소 분위기의 안락도

16. 사회복지사로부터 받은 도움의 정도

17. 보건소의 청결 및 정돈상태

조사대상 보건소는 위와 같은 여러 요원들이 제공하는 여러 가지 돌봄서비스가 연속되는 과정에서 고객들을 인간중시적으로 존중하며 이들에게 만족할 수 있는 서비스를 제공하는 데 어려움이 있었다.

아울러 수다한 돌봄 제공자를 민주적으로 지지, 지원, 보상하여 이들이 만족하며 자발적으로 보건소에 기여토록 관리하는 데도 어려움이 있었다.

요약해서 보건소는 사회를 위한 과업과 보건소 자체를 위한 과업을 모두 생산적으로 관리하지 못하고 있었다.

균형 있는 2원적 목표달성

위의 사례들이 보여 주는 바와 같이 시설은 두 가지 목표를 동시에 추구한다. 외부지향적 목표는 사회를 위한 돌봄프로그램의 실행을 통해서 성취할 수 있고, 시설 자체를 위한 내부지향적 목표는 성원들의 공헌을 유도함으로써 달성할 수 있다.

시설의 자원을 외부지향적 활동에만 투입해 나가고 내부를 유지하는 과업을 소홀히 해 나간다면 단기간은 시설이 유지될지 모르지만, 조만간 조직 내에 목표 전치나 파괴적인 현상이 일어날 수 있다.

따라서 두 가지 목표를 형평을 이루어 달성해 나가야 한다.

관리자가 시설이 이런 상태를 바람직하게 이루도록 엔지니어링 하는 것이 바로 생산적 관리의 기본임이 분명하다.

하지만 생산적 관리를 이렇게 목표를 바탕으로 분석하는 데는 방법상의 어려움이 있다.

첫째는 시간적 차원에서 시설의 생명 회전(life cycle)(창립기－전환기－노쇠기)에 걸쳐 시계열적으로 효과성이 발전, 변화되어가는 상황을 파악할 수 없다. 이 점은 부분적으로 투입－전환－산출의 과정론적 접근이 보완해 줄 수 있다고 본다(성규탁, 사회복지행정론, 2003).

둘째로 시설이 처해 있는 외부환경으로부터 오는 다양한 구속·제약이 효과성에 미치는 영향을 고려하기가 어렵다. 물론 돌봄 전달과 고객 확보를 통해서 사회적 인가를 받고 지원을 약속받는 환경－조직 간의 교환관계는 어느 정도 알 수가 있다.

인간중시적 기능을 담당하는 사회복지 시설을 위한 생산적 관리는 바로 이 두 가지의 대조적이면서도 동등한 중요성을 간

직한 목표를 균형 있게 달성하기 위한 활동을 인간중시적으로
수행토록 이끄는 데 중심을 둔다.

제8장 시설목표의 구분

2원적 목표는 수다하고 다차원적인 목표를 추구하는 다목적 시설을 운영하는 관리자에게 목표를 설정하는 데 비교적 가능하며 편리한 방편이 될 수 있다고 본다.

사회복지 시설의 목표는 사회를 위해 달성하고자 하는 과업을 명시하고 아울러 시설 성원들이 실행할 작업 활동을 규정한 전략적인 규약이다.

1. 목표의 분화 및 종합

2원적 목표를 이루는 두 가지 목표는 각기 하위목표들을 가진다. 이 하위목표를 식별하기 위해서는 목표를 분화(分化)하는(나누는) 작업이 필요하고 이어 목표를 종합(綜合)하는(합치는) 과업이 따라야 한다.

목표는 막연하고 추상적이며 구체적이지 못한 경우가 많다. 그래서 시설이 사회현장에서 실행하는 목표(세분된 돌봄 실천과 관련된)를 파악하기가 쉽지 않다. 이러한 어려움 때문에 다목적, 다단계 활동을 하는 다공화된 시설의 목표를 분석하는 데는 다음과 같은 절차를 밟는 것이 바람직하다.

위계적 계층(상위 계층으로부터 하위 계층에 이르는 단계)에 따라 *수직적(垂直的)*으로 목표를 분화해 내려가고, 되돌려 이렇게 아래쪽으로 분리된 목표들을 계층별로 다시 위쪽으로 합쳐 올라가 종합할 수 있다.

이처럼 총체적 목표를 세분된 목표로 분화해 보고, 세분된 목표들을 총체적 목표로 다시 종합해 봄으로써 하위단위가 담당하는 목표 수행상황을 검토하고 아울러 시설 전체의 총체적 목표달성을 파악할 수 있다.

한편 앞서 보건소에서 제시한 바와 같이 일련의 돌봄서비스가 진행되는 과정(절차, process)에 따라 세분되는 상황을 *수평적(水平的)*으로 검증해 나갈 수 있다.

앞서 요양원의 경우 아래와 같이 외부지향적 돌봄의 진행 과정을 세분된 목표지향 활동들로 분리해 나갈 수 있다. 즉 제공자(요양보호사, 사회복지사, 간호사, 의사, 보조원)가 각각의 돌봄서비스를 제공하는 과정에서 이루어지는 인간중시적 개입을 점검하여 이 결과를 종합해서 돌봄프로그램 전체의 효과성을 파악할 수 있다.

돌봄 목표의 수행 활동이 위에서 아래로 *수직적*으로 분화되어 이루어지는 실황(1)을 검증하였다. 즉 기본목표를 하위목표로 나누어 내려갔고 역으로 하위목표를 기본목표로 올라가면서 종합하는 절차를 검증할 수 있었다.

아울러 여러 목표가 *수평적*으로 분화되어 추구되는 상황(2)을 점검하였다. 즉 아래와 같이 돌봄 목적 수행이 한 제공자로부터 다음 제공자로, 세팅 A에서 세팅 C로, 이어 세팅 n으로 연속되는 과정에 따라 평가한 것이다(김성천 외, 2020; Rothman & Sager, 1998). 즉, 고객의 필요에 따라 다음 세팅으로 의뢰되어 서비스가 이루어진다.

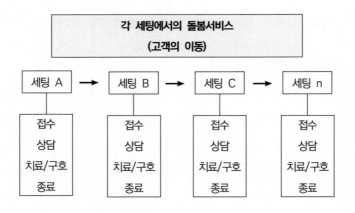

세팅 A에서는 다음 세팅들에서 진행되는 목표의 수행상황을 추적할 수 있어야 하고, 아니면 다음 세팅에서 개별적으로 진행되도록 위임할 수 있다. [하지만 고객이 국가의 공적 부조를

받는 경우에는 후속되는 모든 세팅에서 연속되는 목표수행상황을 파악해 기록해 나갈 필요가 있다.]

관리자는 조직의 각 돌봄 세팅에서 수직적 및 수평적으로 목표가 수행되는 상황에 대한 정보를 확보할 수 있고, 모든 세팅에서의 정보를 요약, 축소된 것도 확보할 수 있어야 한다. AI 시대에는 돌봄이 진행되는 모든 과정에 걸쳐 돌봄 활동에 대한 분화된 개별적인 정보와 종합된 총체적인 정보를 컴퓨터시스템을 통하여 실시간에 파악, 분석하여 제공자, 감독자, 상부 경영자와 교환할 수 있다(Patti, 2000: Pt. Ⅲ).

위와 같이 목표 수행 작업이 진행되는 과정을 수평적으로 나누어 확인하고 아울러 수직적으로 진행 과정을 나누어 봄으로써 목표 수행과업이 실행되는 복합적 실상을 더 정확하게 파악할 수 있다.

사회복지 돌봄이 다공화되어 다목적 돌봄 사업을 여러 세팅에서 실행하는 시대에는 이처럼 목표를 수직적 및 수평적으로 분화 및 종합하는 접근을 인내성 있게 해 나갈 필요가 있다.

2. 목표의 유형

시설목표를 바람직하게 달성하기 위해서는 관리자와 성원들이 함께 참여하여 협동해서 이 목표를 설정해야 한다. 양자의 협동으로 목표가 달성될 수 있기 때문이다.

다음은 외부지향적 및 내부지향적 목표에 다 같이 관련된 사항이다.

목표는 단기적 목표, 장기적 목표 및 최종 목표로 나눌 수 있다.

* 장기적 목표

장기적 목표는 보통 3~5년간 또는 더 긴 기간에 걸쳐 성취되는 목표이다. 이런 목표는 시설의 사명(使命)을 수행하는 것으로서 시설이 순종하는 가치 또는 이념을 지향하고 있어 숫자로 나타내기 어렵고, 구체적이지 못하다. 예로 '저소득층을 위한 사회복지의 개선'과 같은 장기적이고 큰 노력이 필요한 방대한 목표일 수 있다.

* 단기적 목표

단기적 목표는 장기적 목표를 달성하는 데 이바지하는 목표이다. 이 목표는 단시일 내 달성할 수 있고 손쉽게 측정할 수 있으며 숫자로 달성 정도를 확인할 수 있다. 예로 지역 내 30명의 범법자에게 6개월 이내에 직업을 마련해 주는 목적, 지역 내 노숙인 50명에게 3개월 이내에 숙소를 마련해 주는 목표 등을 들 수 있다.

이런 단기적 목표를 성취하는 데 사용되는 표현으로서 문제의 감소, 축소, 개선, 개량 등을 들 수 있다.

이런 구체적인 목표를 달성함으로써 시설은 장기적 목표인 외부지향적인 지역사회복지를 증진할 수 있다.

* 장기적 목표와 단기적 목표의 조정

시설 내 부서에 따라 장기적 목표와 단기적 목표가 다를 수
있다. 예로 고객을 돌보는 부서에서는 단기적 목표인 돌봄서비
스 및 돌봄 과정을 중시하고, 시설 전체 관리를 다스리는 부서
에서는 장기적 목표인 돌봄 결과와 목표달성을 중시할 것이다.

* 최종 목표

매우 중요시해야 할 목표는 최종 산출로서 외부지향적으로
사회에 미치는 효과(결과)이다. 시설이 프로그램을 장기간 운
영했다 해도 이러한 최종적인 사회적 목표를 달성했다고 보기
어려울 때가 있다. 최종 목표인 사회적 효과를 검증해 보아야
한다. 즉 프로그램이 고객과 사회에 미치는 영향/효과를 평가
하는 것이다.

시설이 사회에 미치는 (가능하면 양적/수적으로 측정할 수
있는) 직접적인 효과를 증명, 제시해야 한다. 외부지향적으로
사회에 미치는 이런 바람직한 영향이야말로 생산적인 관리자
가 우선적으로 성취하는 목표이기 때문이다.

따라서 생산적 관리자는 외부지향적인 최종 목표성취를 위
해서 내부지향적으로 각 계층 및 각 부서가 함께 참여해서 서
로 협동, 지지하면서 예정된 기간 내에 다양한 단기적 목표를
달성함으로써 장기적 목표를 수행해서 급기야 이런 최종 목표

를 달성토록 조정, 감정, 평가해 나가게 된다.

이러한 과정을 다음과 같은 사례를 들어 알아볼 수 있다.

> *장기적 목표*: '다문화 가정' 복지증진 [외국인 여성과 한국 남성이 결혼한
> 가정의 경우]
> *최종 목표*: 부부간 문화적 차이 등으로 발생하는 충돌 감소, 다문화 아동
> 의 학업 중단 감소, 부부 취업 증대, 시부모와의 관계 개선. 이
> 웃과의 관계 개선
> *단기적 목표*: 이런 일련의 목표를 수행하기 위해 다음과 같은 단기적 목표
> 를 수행해야 함.
> 부부 상담, 부부 충돌 예방, 이혼 감소, 아동과 어머니를 위
> 한 학교 상담, 고부간 관계 개선, 산전 산후 보건의료 지원,
> 사회복지 돌봄, 지역사회 교화프로그램 참여 등

이런 단기적 목표는 비교적 짧은 기간 내에 수행될 수 있다.

최종 목표달성을 위해서는 위와 같은 다양한 단기적 및 장기
적 목표가 수행되어야만 한다. 목표를 성취하는 과정에서 얼마
만큼 노력했는가는 그다지 중요하지 않을 수 있다. 최종 결과
가 좋아야 하기 때문이다.

시설의 (최종) 목표지향 활동 결과가 바람직하게 이루어져야
한다. 사회가 기대하는 바 (외부지향적) 효과를 미쳤다는 사실
(결과)을 증명하는 것이 시설의 (내부지향적) 생존과 존재 타당
성을 이룩하는 필수조건이 된다.

3. 목표의 3가지 차원

목표는 다음 3가지 차원으로도 나누어 볼 수 있다. 즉 '수준', '영역' 및 '시간'이다. 외부지향적 및 내부지향적 목표에 다 같이 해당되는 사항이다(Blokdyk, 2019).

* 수준(계층)

목표는 시설(조직)의 수준(위계적 계층)에 따라 설정할 수 있다. 즉 시설의 상부, 중부, 하부 수준(계층)에 따라 수행할 목적을 세분할 수 있다. 해당 수준에 맞게 목적이 설정되는 것이다.

* 영역(부서)

시설의 영역(부서)에 따라 목표를 달리 설정할 수 있다. 시설은 다수 작업영역을 가질 수 있다. 예로 운영 관리, 인력 관리, 고객 접수, 고객 치료, 고객 상담, 사례 관리 등이다. 이처럼 각 부서는 각각 다른 목표를 추구한다.

* 시간(기한)

시간의 흐름에 따라 특정 목표를 추구한다. 예로 6개월 이내에 소년범죄를 30% 감소하고, 3개월간 난민 50명에게 점심을 제공하고, 겨울 동안 독거노인의 집안일을 돌보아 준다. 특정한 시간/기간에 걸쳐 달성해야 할 목표이다.

위와 같이 시설은 수준/계층, 부서/영역 및 시간/기한에 따라 다른 목표를 추구하게 된다. 하지만 이렇게 추구되는 각각의 목표는 모두가 전체 시설의 총괄적 목적 달성에 이바지해야 한다. 즉 총괄적 목표달성을 위한 작은 목표들이기 때문이다.

생산적 관리자는 시설이 이러한 다변화된 목표를 기획하고 실행코자 하는 바를 성원들에게 공시하여 각 성원이 담당할 목표지향 과업을 알려 주고, 이들의 작업수행을 인간적이고 지지적이며 민주적인 방법으로 관리한다.

다시 말해서 관리자는 시설이 이룩해야 할 산출(결과, 실적)이 무엇인가를 공시하고 성원들이 시설을 위해 일하도록 동기화한다. 목표를 달성하는 데 다소간의 어려움이 있게 마련이다. 그러므로 관리자는 마땅한 보상(급여) 체계를 갖추어 활용해야 한다.

목표가 어느 정도 달성되는가를 평가함으로써 성원들의 작업수행을 판정할 수 있다. 이런 결과를 지향하는 목표는 애당초에 관리자와 성원들이 협동해서 설정해 놓아야만 한다. 즉 앞서 제시한 생산적 관리를 해서 이룩할 수 있는 결과이다.

4. 관리자가 유의할 사항

관리자는 생산적 관리를 하는 데 여러 가지 어려움에 부딪힐 수 있다. 시설의 내부 및 외부에서 발생하는 다양한 인간관계와 사회환경적 요인 때문에 발생하는 문제이다. 그래서 관리자는 다음 사항을 참고할 필요가 있다.

행동적 표현

* 목표를 구체적 행동을 표현하는 용어로 지적할 것.
  예: 감소, 축소, 증가, 개선, 개량, 강화, 촉진, 향상 등
* 단기간에 수행할 목표는 가능한 한두 가지의 특정한 결과를 이룩하는 것으로 제한할 것
* 실현 가능한 목표를 설정할 것. 지나치게 높거나 낮은 목표를 택하지 말 것
* 시설이 달성코자 하는 구체적 활동이나 돌봄서비스를 지적할 것. 예로 다음과 같은 것임.
  - 일 년에 500명의 고객에게 돌봄서비스를 제공함
  - 3개월에 520명을 면접함
  - 위탁 가정이 필요한 아동 30명을 면접함
  - 12회 지역사회 모임을 개최함
  - 발전된 위기 상담 기법을 연수하기 위해 성원 약간명을 훈련원에 파송함
  - 새로 개발된 디지털 기법을 연수토록 약간명의 요원을 훈련원에 파송함
  - 훈련을 받은 요원에 대한 급료를 증액함

위와 같이 외부지향적 돌봄서비스를 발전하기 위한 구체적인 내부지향적 과업이 뒤따라야 한다. 즉 작업목표 성취를 위해 요원을 훈련하고 보상하는 것이다.

이와 함께 다음과 같은 목표지향적 과업을 수행한다.

* 이웃의 가족지원을 증대함
* 방과 후 학교를 청소년의 오락을 위해 개방함
* 신문, 방송 등 미디어가 미혼여성 발생을 예방하는 데 도움이 되는 보도를 함
* 시의회가 청소년 지원을 위한 예산을 증액하도록 함

과정적 목표

이 목표는 위의 행동적 목표를 성취하기 위해 시설이 취하는 수단적인 것이다. 이를 위해 관리자는 성원들과 다음과 같은 과업을 상호 협동하며 수행할 수 있다.

* 돌봄서비스 프로그램 운영을 위해 지도적 역할을 한다
* 사회복지 증진을 위한 법을 통과시키도록 여론을 환기한다
* 여론을 환기하기 위한 유인물을 돌린다
* 포럼과 공청회를 연다
* 지역사회의 정신건강 증진을 위한 운동을 한다
* 지역사회가 사회복지를 지원토록 운동한다

아울러 관리자는 다음 사항에 유의해야 한다.

* 목표달성 결과를 숫자로 표명할 수 없는 경우가 많다. 즉 계량적으로 표시할 수 없는 것이다. 예를 들어 상담 서비스는 취업자 증원이나 주택 입주자 증원과 같이 숫자로 나타내기 어렵다. 따라서 숫자로 나타내는 돌봄만을 목적으로 설정할 수 없다.
* 한 목표가 다른 목표와 충돌, 대립하면 안 된다. 성원의 작업수행을 증진하기 위한 목적이 시설의 돌봄 사업을 축소하는 결과를 초래하면 안된다. 예로 성원이 서류작성을 위해서 많은 시간을 소모하여 결과적으로

돌봄 사업을 축소하는 결과를 내는 경우이다. 흔히 발생할 수 있는 이런 역기능을 조심해야 한다. 한 목적과 다른 목적 간, 그리고 한 부서의 목적과 다른 부서의 목적 간에 상호 충돌이나 대립하는 경우가 발생하지 않도록 해야 한다.

* 목적 설정에는 시설을 구성하는 모든 성원 - 이사회 이사, 관리자, 일선 성원 - 이 참여해야 한다. 이 모든 시설 성원들이 시설목표설정에 참여하여 공동으로 목표성취에 임해야 한다. 생산적 관리의 보기이다. 왜냐하면, 이 모든 성원이 시설목표를 달성할 책임을 져야 하기 때문이다.

* 목표를 달성토록 모든 성원에게 관심과 주의를 환기해야 한다. 만약 목표가 지나치게 높게 설정되어 이를 성취하기가 어려우면, 성원들은 의욕을 잃게 되어 이의 달성이 어렵게 될 것이고, 반대로 지나치게 낮게 된다면 목표는 중요시되지 않으며 성원들이 전문성을 발휘하여 바람직한 결과를 산출하기 어려워질 것이다. 그래서 관리자는 목표를 성원들의 중의를 수렴해서 설정해야 한다. 이도 역시 생산적 관리의 방편이다.

예기치 못할 상황

성원들이 성실히 목표를 수행하지 않거나 목표 수행을 어렵게 하는 불상사가 발생할 수 있다.

관리자는 목표설정에 앞서 시설 안팎의 여러 가지 사정을 고려해야 한다. 명작을 내는 화가는 그의 작품 활동에 사용하는 시간의 80%를 준비하는 데 투입한다고 한다.

돌봄 과업을 시작하기 전 시설이 설정한 돌봄서비스 프로그램이 어떠한 역기능을 할 수 있는가를 세심하게 살펴나가야 한다.

어떤 프로그램은 예상치 못한 결과를 낼 수 있기 때문이다.

흔히 성원들의 비협조나 반대 때문에 목표를 추구하지 못하게 된다. 이들의 새 목표에 대한 이해 부족이나 변화에 대한 반대, 저항으로 발생하는 문제이다. 작업 내용과 시설환경의 변동은 이러한 저항을 발생시킬 수 있다. 관리자 측과 성원 측 간에 작업목표에 대한 시각 차이 때문에 발생하기도 한다. 예로 새로 취임한 관리자가 성원들이 고객에 대한 정보를 좀 더 많이 수집해야 한다고 요청하는 경우, 이런 요청이 시설 운영에 도움이 되는 자료를 확보할 수 있겠지만, 성원 측에는 이미 행하고 있는 과중한 업무에다 더 많은 일거리를 추가하게 된다. 이런 경우 관리자는 성원들이 행할 과중한 업무를 이해하고 보상을 증대하거나 성원 수를 증가하는 조치를 해야 한다.

성원은 새로 도입된 자료 분석방법에 대한 지식과 기법을 잘 알지 못하여 새 교육, 훈련이 필요할 때, 관리자는 이 욕구를 충족해 주기 위한 행정조치를 취해야 한다. 이런 변화가 성원의 개인적 위신과 전문능력을 과소시하는 결과를 내지 않도록 하고, 새로운 부서를 설립하거나 작업 활동을 변경하는 조치가 필요할 수 있다.

요는 성원들이 변화를 이해하도록 해야 한다. 그렇지 못하면 반대와 저항이 일어날 수 있다. 관리자는 이러한 어려움을 예측, 예방해야 한다.

시설이 변화에 적응 못 하는 또 다른 이유로서 보유하는 자원 - 재정 능력, 전문인력, 시설 및 통신능력 - 의 부족이나 제한일 수 있다. 시설의 인적 및 물적 자원 전부가 이미 기존 사업에 투입되고 있어 새로운 목적을 수행하는 데 투입할 여력이 없을 경우도 있다. 생산적 관리자는 현재 사업이 목표성취에 도움이 안 된다고 판단하는 경우 과감히 새 사업을 기획, 정립하여 이를 추구토록 이끌어 나가야 할 것이다.

하지만, 성원들의 집단적 저항이나 반대를 고려하여 새 사업을 실행하지 않을 수 있다. 협조적 분위기가 이루어질 때까지 기다려 볼 수 있다.

관리자는 목표를 수행하는 데 부딪칠 수 있는 위와 같은 내부적으로 관리의 어려움을 분별해야 하고, 이런 어려움이 외부적으로 고객에게 미치는 바람직하지 못한 영향을 검증해 나가야 한다.

관리자는 목표를 설정하는 데 적어도 다음과 같은 어려움을 염두에 두어야 한다.

* 모든 목표의 달성을 숫자로 검증할 수 없다. 예로 고객의 존엄성 높임이나 가족 상담은 주거 제공, 직장 알선과 달리 측정하기 어렵다.
* 한 목표의 수행이 다른 목표 수행에 방해가 되어서는 안 된다. 예로 돌봄 요원이 더 세밀히 서류를 작성토록 지령하는 목표를 세운다면 요원이 서류작성에 더 많은 시간을 보냄으로써 고객 돌봄서비스를 위한 인력과 시간을 감소하는 결과를 낼 수 있다. 그리고 시설의 운영비용을 감소하는 목적을 새운다면 더욱더 소수의 고객에게 돌봄서비스를 제공하거나 돌봄 요원 수를 감소하는 결과를 낼 수 있다. 이런 바람직하지 못한 결과를 예상해야 한다.
* 각 계층과 각 부서는 독자적으로 목표를 정할 수 있다. 그래서 한 곳이 추구하는 목표와 다른 곳이 추구하는 목표가 상호 충돌하여 서로의 목표 달성에 파괴적인 영향을 끼칠 수 있다. 따라서 관리자는 부서 간, 목적 간에 균형을 이루도록 하고 모두를 조정, 통합해 나가는 노력을 해야 한다. 예로 지역사회의 신임을 얻기 위해 시설에 대한 선전 활동을 증대하는 목적을 세울 경우, 고개 돌봄을 위한 인적 자원을 탕감하는 바람직하

지 못한 결과를 초래할 수 있다.

* 목표설정 과정에 이사회 회원을 비롯하여 관리자와 돌봄 요원 전원의 참여와 협동이 필요하며 각자는 어떠한 역할을 해야 하는가 인지하고 있어야 한다. 그럼으로써 목표 수행을 두고 서로 비난하거나 반대하는 불상사가 일어나지 않도록 해야 한다.

* 목표를 지나치게 높게 설정하거나 지나치게 낮게 설정하지 않아야 한다. 너무 높이 정해서 성원들이 도저히 달성할 수 없는 상황을 이루면 안 된다. 그리고 너무 낮게 정하면 목표는 힘이 약해져 요원이 추구할 의욕을 갖지 못하게 된다.

따라서 관리자는 목표설정에 지대한 관심과 에너지를 투입해야 한다.

요는 앞서 제시한 생산적 관리자 역할을 인간중시적으로 수행해야 한다. 외부지향적으로 고객을 존중하며 만족할 돌봄서비스를 제공하며 내부지향적으로 성원들을 업무 기획 및 수행에 참여토록 하여 이들을 호의적으로 존중, 지지, 보상해서 협동적인 팀을 이루는 것이다.

연구의 필요

관리자는 목표를 세울 때, 이 목표를 추구함으로써 어떤 부작용 또는 문제가 뒤따를 수 있는가 연구할 필요가 있다. 사람에게 봉사하는 시설은 흔히 예상치 못한 여러 가지 어려움에 부딪힐 수 있다. 하지만 다소간의 노력과 경계심을 갖고 발생할 가능성이 있는 문제를 가려내어. 대비책을 세우는 것이 현명하다.

예를 들어 직업 훈련이 안 된 실직자를 취업시키는 일, 적절한 돌봄프로그램이 없는 지역사회에 정신질환자를 복귀시키는 일, 재활, 갱생을 위한 프로그램이 없으면서 청소년을 범죄자로 취급함으로써 예측하지 못한 문제가 발생하게 되는 것이다.

이처럼 어떤 목표는 설정하기 전의 상태보다도 더 나쁜 결과를 초래할 수 있다. 따라서 기획하는 일이 사정을 더 악화할지 않을지를 신중히 연구, 검토해야 한다.

저항, 반대에 대처하는 방도

목표를 세우는 데 참여하는 성원들 가운데는 이 목표를 수행하기를 꺼리는 경우가 있다. 일반적으로 전반적이며 심층적인 변화는 성원의 저항을 맞게 된다. 새로운 목표에 대한 이해를 못 하거나 이의 내용을 잘못 깨달음으로써 발생하는 저항이다. 예로 고객에 관한 정보(자료)를 더 소상히 확보해야 한다는 기획을 하는 경우, 이미 과도한 서류작성업무에다가 더 많은 일을 부가한다고 부정적 반응을 보일 수 있다. 어떤 기획이든 성원의 현존 작업 상태에 변동이 발생하는 경우는 사전 연구할 필요가 있다.

생산적 관리자는 성원들의 자존심을 손상치 않고 작업능력 이상의 요구가 되지 않도록 사전 의견교환을 하고 교육이나 훈련을 통해서 이들의 이해와 협조를 얻도록 해야 한다. 즉 새 기획을 위한 시설자원 투입을 해명하고, 기획을 위해 어떠한 노력을 언제, 누가, 어느 세팅에서 하게 되는가를 분명히 알려 주어야 한다. 현존 상태로서는 사회를 위한 긍정적 결과를 발생할 수 없음을 명확히 해설해야 한다.

성원의 반항이 거셀 경우 그 기획을 추진하지 않는 것이 현명하다. 시간을 두고 상황을 관망하는 것이 바람직하다.

시범적 사업을 하는 경우

위와 같은 저항을 예방하기 위해 목표 수행을 시범할 수 있다. 성원들이 임시작업 팀을 구성하여 시범사업을 시행토록 하는 것이다.

이러한 시범사업의 결과를 검토하여 그 사업의 존립 내지 폐기를 결정할 수 있다. 관리자 스스로 변화에 동참하여 시설의 기본 이념을 강조하고 이를 실행하는 구체적 행동을 명시한다. 그리고 성원들이 이를 지지하며 시설 공동체의 일원으로 이를 실현하는 데 참여하는 동기를 유발토록 이끈다.

관리자는 새로운 기획을 실행하는 데는 흔히 예상치 못한 일이 방해 작용을 할 수 있음을 알고 있어야 한다.

돌봄서비스를 필요로 하는 고객 수가 급작스레 증가하는 때도 있다. 이럴 때 관리자는 아래와 같은 대안을 생각해 볼 수 있다.

고객 수를 감소하거나 다른 시설로 의뢰해 보낸다. 아니면 고객과 협조하여 집단상담, 전화 상담 같은 대안을 택할 수 있다. 그리고 이사회 회원 가운데 도움을 줄 수 있는 분, 지역사회의 유력한 정치적 인물, 협조적인 단체, 조직, 집단을 찾아 요원 증원에 필요한 자금지원을 요청할 수 있다.

제9장 효과성과 효율성

1. 효과성

효과성 검증은 돌봄서비스 프로그램을 인간중시적으로 실행하여 설정된 목표를 바람직하게 달성했음을 확인하는 것이다. 생산적 관리를 증명하는 주요 방편이다.

시설의 효과성은 여러 가지 지표를 적용하여 측정해 왔다. 하지만 효과성을 측정하는 작업은 저명한 연구자들에게도 쉽지 않은 작업이었다.

이러한 어려움을 고려하여 흔히 사용된 효과성 지표를 간추려 보고자 한다. 이 지표들 중 어느 것은 외부지향적 업적을 평가하고 어떤 것은 내부지향적 업적을 평가하는 것이다.

외부지향적 업적의 효과성 지표로서 사업실적, 순이익, 조직에 대한 사명감 등을 적용하였고, 내부지향적 업적의 효과성 지표로서 조직의 확장/성장, 성원들의 사기, 헌신, 만족, 응집성, 이직률, 결근 등을 사용했다.

하지만 성원들의 사기 및 만족과 생산성과의 상관관계는 일관성이 없고, 유의미하지 못했다. 성원들의 이직률과 결근은 발생빈도와 효과성과의 관계가 일치하지 않은 사례가 많았다. 시설의 성장/확장으로 효과성을 측정하는 데도 문제가 생겼다. 성장을 조직의 건전성과 생존으로 삼으면 조직의 성장단계에 따라 차이가 발생한다. 이윤(이득)은 경제 상황의 변동(예측 불가한 사장, 판매, 가격)과 같은 시설 외부/환경의 유동적인 사정을 고려하면 믿기 힘든 기준이 된다. 그리고 시설에 대한 사명감과 응집성은 생산성과 일관된 관계를 갖지 못하였다. 위와 같이 각 지표는 유용성이 있음과 동시에 제한점을 가졌음이 드러났다.

다수 조직연구자가 행한 조사에서 위와 같은 지표들로 시설의 효과성을 증명하기가 어렵고, 이 지표들로 산출한 효과성 자료는 일관성이 없으며, 통계적 유의도가 낮거나 없었다(Perrow, 2014; Hasenfeld, 2009). 예로 만족과 생산성의 관계에 있어 만족한 집단이 반드시 생산성을 올리지 못했다. 외부지향적 업적과 내부지향적 업적 간에 긍정적 상관관계가 있어야 하는데 그렇지 못한 경우가 있다.

이러한 일련의 결과를 고려하여 Geogopoulos와 Tannenbaum(1957)은 시설의 유연성과 시설 내의 긴장과 갈등의 부재를 내세워 이 지표들은 시설 전체의 효과성을 지적하지 않고 다만 시설의 내부지향적인 '자체 유지'를 지적하는 지표라고 주장하였다. 이 지표는 사회 체계 자체 유지라는 점에서 내부지향적 효과성 지표로서 타당성이 있다고 본다.

복잡하고 다양한 요인들이 작용하는 사회 체계적 맥락에서 앞서 제시한 Mohr의 2원적 목표의 틀을 바탕으로 외부지향적 목표와 내부지향적 목표의 성취를 측정해 나가는 것이 실제적 이며 합당하고 적용 가능한 접근이라고 본다.

이 틀에 따라 돌봄서비스 프로그램 실행과 사회적 인증/공신력 확보를 외부지향적 효과성 지표로 택할 수 있다. 그리고 시설 내 긴장 및 갈등의 부재와 신축성을 내부지향적 효과성으로 택한다. 이어 이 두 가지 목표의 하위목표들을 선정해 나갈 수 있다.

시설의 목표달성 – 효과성 – 은 결코 개인적 추정이나 판 단에 따라 판정할 수 없다. 이를 이룩하기 위한 시설의 구체적 활동을 경험적 자료를 바탕으로 점검하고 조직 성원들의 행동 을 객관적으로 관찰하고, 제3자(전문인, 공인감독자 등)의 판단 과 보고에 따르고, 지역사회 대표들의 여론을 종합하여 판정해 야 한다고 본다.

2. 효율성

효과성 평가와 아울러 효율성 평가도 사회복지시설관리의 중요한 과업이다. 효율성은 주로 돌봄서비스 프로그램을 경제적으로 운영함으로써 고객을 위한 목표를 금전적인 이득을 산출하면서 달성했다는 사실을 말한다. 외부지향적 업적 관리의 중요 부분이기는 하지만 인간중시적 돌봄을 금전적으로 해석한다는 점에서 사회복지 전문인들이 호감을 느끼지 않은, 때로는 기피하는 측면이 있다.

효율성을 측정하는 데는 프로그램에 투입되는 비용(자원, 노력)과 산출(업무실적, 목적 달성) 간의 비율을 참고하여 책정하게 된다. 경제적 차원이 개재된다. 같은 프로그램을 운영하는 시설들의 투입과 산출을 비교하여 투입 대 산출의 비율을 대조해 보고, 다른 시설들보다 산출에 비해서 투입이 적은 또는 투입에 비해 산출이 많은 시설을 더 효율적이라고 판정한다.

다시 말해서 효율성이란 목적을 어느 정도로 경제적으로 수행하느냐를 검증하는 것이다. 예로 2개의 유사한 시설들이 같은 지역사회에서 청소년범죄 예방프로그램을 운영하는 경우, 일년에 300명의 소년 범죄자를 감소하는 데 A 시설은 1,000만 원을 투입하고 B 시설은 (같은 수의 범죄자를 감소하는데) 900만 원을 투입했다면 B 시설이 더 효율적으로 운영한 셈이다.

효율성을 평가하는 데는 일반적으로 아래 3가지 방법을 사용한다.

  1) 비용계산(cost accounting)
    프로그램 목표를 달성하는 데 드는 비용 측정.
  2) 비용-이익 분석(cost-benefit analysis)
    프로그램에 드는 비용과 산출해 내는 결과를 비교 분석하여 금전적 숫자로 산정.

3) 비용-효과성 분석(cost-effectiveness analysis)

공통된 목적을 달성하는 데 투입되는 비용을 몇 개 프로그램을 두고 비교. 가장 적은 비용으로 가장 큰 결과를 낸 프로그램을 찾는 방법.

이와 같은 효율성을 분석하는 데는 사회조사에 필요한 기법과 경험을 겸비한 평가 전문가가 필요하다. 아울러 평가대상 조직은 행정관리와 투입 대 산출에 관한 정보와 자료를 갖추어야 한다.

효율성 분석은 사회복지 관리의 주요한 방법이기는 하지만 사회복지 전문인의 전통적 가치와 갈등을 자아낼 수 있다. 고객에게 최선의 돌봄서비스를 제공하여 바람직한 결과를 내면 되지 왜 인간적인 가치를 바탕으로 제공되는 우리의 돌봄서비스를 숫자적, 금전적으로 평가하느냐? 사회복지 돌봄을 계량적으로 판단하는 데 대한 제공자들의 비판적이고 반대하는 성향이 매우 강하다. 그래서 국내와 외국의 시설들은 대개가 효과성 평가를 우선으로 행하는 대 그치고 있다.

이러한 실정을 고려하여 효율성 검증은 효과성을 검증하고 난 후에 효과적으로 운영되는 프로그램들을 비교, 분석하는 후차적 절차를 밟는 것이 바람직하다고 본다.

욕구측정

덧붙일 사항은 효과성과 효율성을 검증하는 데는 욕구측정 (needs assessment)에서 산출된 자료를 참조해야 한다. 고객이 필요로 하는 돌봄서비스에 대한 욕구를 조사한 계량적 자료이다. 이 자료는 고객뿐만 아니라 돌봄 제공자, 시설 관리자 및 지역사회의 돌봄서비스에 대한 욕구도 포함될 수 있다. 돌봄서비스 프로그램 관리에 필요한 기초적 자료가 된다. 욕구측정에 관해서는 다른 자료를 참고하기를 바란다(황성철 외, 2005, 9장; 성규탁, 1993, 1-32).

제3부

생산적 시설관리

제10장 생산적 관리자

목표를 달성하기 위해서는 시설을 목표지향적으로 운영해 나가야 한다. 목표지향적인 관리 - 생산적 관리 - 를 하는데 2원적 목표의 틀을 적용할 수 있다. 즉 시설의 외부지향적 목표와 내부지향적 목표 그리고 이 두 가지 목표를 인간중시적 가치를 발현하며 균등하게 추구하는 과업이다.

이러한 과업은 시설 관리자의 몫이다.

1. 생산적 관리

시설을 운영하는 데는 운영 기술이나 전략 같은 기법만으로는 효과적 결과를 내기 어렵다. 무엇보다도 시설을 구성하는 성원들의 마음을 잡아야 한다. 이들의 기를 북돋우는 노력이 필요하다. 관리자의 호의적으로 성원을 아끼고 이롭게 하는 지지적인 이타심이 담긴 인간 중심 관리가 중요하다. 이는 곧 생산적 관리이다.

Likert가 창도한 생산적 관리는 인간중시적 가치를 발현하는 관리방법이다. 조직 성원들을 위계적 체계 하에 통제하여 이들의 사회관계를 무시하고, 규칙과 지시에 얽매이게 하면서 조직 운영에 참여시키는 Weber의 폐쇄적 접근인 *제1 체계*에 반대되는 개방적 조직 체계로서 *제4 체계*를 Likert는 개발하였다.

이 체계는 민주적이며 조직 성원의 인간적 가치를 존중하며 이들이 조직관리 각 부문에 참여토록 유도하여 자율적으로 조직목표 수행에 이바지하도록 권장하는 개방적 접근이다.

Likert(1987)는 또한 조직의 관리 체계로서 다음 4개 유형을 제시했다.

착취적 관리 (Exploitative Management)
권위적 관리 (Authoritative Management)
상담적 관리 (Consultative Management)
참여적 관리 (Participatory Management)

생산적 관리는 위의 상담적 및 참여적 관리를 적용하는 관리이고, Weber의 관료제는 위의 착취적 및 권위적 관리에 해당한다.

다음에 제시하는 생산적 관리자와 비생산적 관리자를 대조한 해설은 곧 이러한 상담적 및 참여적 관리를 지지, 지향하는 관리에 관한 것이다.

2. 생산적 관리자와 비생산적 관리자

Likert는 생산적 관리자와 비생산적 관리자를 다음과 같이 대조했다.

비생산적인 관리자는 위계적으로 강압적인 권위를 행사하며 성원들을 사사건건 간섭하고 통제하는 작업환경을 조성한다. 문서화된 규정에 따라 성원들을 기계부품과 같이 취급하면서 그들과 협의하지 않고 작업방법을 정하여 작업예산을 편성하고, 작업과정에서 그들의 자존감을 무시하며 비인간적으로 압력을 행사한다.

한편 생산적 관리자는 위와 같은 억압적이고 통제적인 권위행사는 성원들의 반감과 원성을 사게 되고, 이들의 사기와 작업 의욕을 저하해서 작업 동기를 유발하지 못하여 작업 효과성을 이룩할 수 없다고 판단한다(Bradford & Burke, 2005; 임창희, 2020).

이런 생산적 관리자는 인간주의 원리에 따라 성원들의 인간다운 속성을 존중하며 조직을 인간화하여 조직 내 권한을 분산해서 성원들이 작업목표설정, 예산 책정, 비용 절감, 작업 진행 계획 등 다양한 작업에 참여토록 해서, 공동으로 수렴한 목표를 달성토록 이끈다(오석홍, 2016; 임창희, 2020: 487).

작업을 통해 자기실현을 하고 성장할 수 있는 자율규제적 작업환경을 이룬다. 인간애와 인간존중을 기틀로 하는 윤리성을 강조하는 접근이다. 이러한 바람직한 접근은 생산적 관리의 특성을 보여 준다.

구체적으로 작업수행을 지도해 주고, 훈련 및 교육을 받을 기회를 제공하고, 성원 각자의 능력에 알맞은 일을 맡도록 하고, 알맞은 자리와 위치로 이동 또는 승진토록 지지해 준다. 모두가 생산적 관리를 위한 필요조건이다.

생산적 관리자는 더욱이 성원의 개인적 가치(중요성)를 인정받고자 하는 욕망을 호의적으로 충족해 줌으로써 그가 자율적으로 시설을 위해 작업을 수행토록 동기를 유발한다.

이런 생산적 접근은 곧 효과성을 증진하는 관리이다.

내부지향적 관리를 생산적으로 함으로써 외부지향적 목표를 생산적으로 달성토록 이끄는 효과성 지향 관리방법이다.

Likert는 그가 수집한 대량의 경험적 자료를 바탕으로 관리자는 성원이 자기 존중감을 발현하며 자기성취를 하도록 *민주적, 관용적, 참여적, 부하지향적, 지지적* 리더십을 발휘하며 이끌어 나가고, 더욱이 이를 성취할 수 있는 작업환경을 조성하는 데 최대한의 노력을 기울인다고 했다.

이렇게 성원들을 위한 내부지향적 관리를 생산적으로 함으로써 이들이 고객을 위한 외부지향적 목표를 효과적으로 달성토록 할 수 있음을 예상할 수 있다.

3. 생산적 관리자의 지도력

생산적인 관리자는 위와 같이 시설이 설정한 목표를 달성토록 성원을 이끈다. 목표를 달성하겠다는 강한 열망을 마음속에 굳게 새기고 관리에 임한다.

앞서 논한 바와 같이 저명한 미술가는 그림을 그리기 전에 작품 활동에 필요한 시간의 80%를 그릴 그림을 구상하고 그리는 방법을 연구하는 데 사용한다고 한다.

생산적 관리자는 목표를 달성해 나가는 성원들과의 관계를 바람직하게 이룩하는 데 그의 정력을 집중한다.

Likert가 제시한 다음과 같은 생산적 관리자의 특성을 발휘하는 것이다.

* 성원들의 존엄성을 진심으로 존중하며 받든다.
* 성원과 애정과 우정을 나눈다.
* 성원들과의 인간관계를 개발한다.
* 성원들의 신뢰를 얻는다.
* 성원의 마음 상처를 덜게 해 준다.
* 성원의 바람직한 점을 칭찬해 준다.
* 단호한 태도로 의사 표시를 한다.
* 성원을 설득시켜 따르게 한다.
* 상부상조하는 분위기를 조성한다.

이 모든 내부지향적 관리를 촉진하는 특성은 인간중시적 가치를 품고 있으며 조만간 외부지향적 목표를 달성토록 성원들을 이끄는 생산적인 힘이 될 수 있다.

제11장 관리자의 다양한 역할

관리자는 시설 성원들과 관련된 내부지향적 목표를 달성함으로써 시설 외부의 고객을 위한 외부지향적 목표달성을 촉진할 수 있다. 두 가지 목표가 상호연계되는 현상이다.

생산적 관리자는 위와 같이 성원들의 인간적 가치와 성장, 발전을 존중, 지지하며 이들이 작업 절차 및 진행을 기획하는데 참여토록 해서 작업수행 동기를 유발하여 협동적 작업환경을 이룬다. 즉 생산적 관리를 위한 기틀을 마련하는 것이다.

이러한 기틀을 공고히 해 나가기 위해 다음과 같은 여러 역할을 가치와 소견을 달리하는 상부 관리자와 수다한 부서의 성원들로 이루어진 다공화된 시설에서 어려움을 극복하며 수행한다.

1. 매개자 역할

관리자는 흔히 시설 설립자와 성원들 간의 상반되는 요구를 중매하여 충족하는 역할을 한다. 즉 시설이 받드는 가치, 이념의 실현과 성원들의 욕구를 조정하는 역할이다.

관리자는 양편의 차이를 저울질하면서 이 차이가 돌봄 대상인 고객을 위한 외부지향적 목표 수행에 미치는 영향을 검토한다. 양편이 서로 다른 입장에서 이 목표 수행을 위해 시설 규정을 어긋나게 해석하는 경우도 있다.

관리자의 양편 주장을 조정하는 능력이 시설을 효과적으로 운영하는 힘이 된다. 내 편 저 편의 대립된 분위기를 해소하여 양편이 협동해서 단합된 팀 작업을 이룩하도록 이끄는 능력이다.

예를 들어 시설 설립자가 성원들이 문서정리에 더 큰 노력을 해 달라고 요구하는 경우, 관리자는 설립자에게 다수 고객에게 돌봄서비스를 제공하는 성원들의 문서작업으로 인해 발생하는 어려움을 이해해 달라고 요청하고, 한편으로는 성원들에게 설립자의 이러한 요청을 이해하도록 설득할 수 있다.

이처럼 관리자는 시설의 계층 간의 상호 교류를 촉진하는 중간 또는 매개 역할을 하게 된다. 시설의 내부지향적 역할의 하나이다. 이 역할이 순조롭게 수행되면 고객을 위한 외부지향적 과업도 효과적으로 이루어질 수 있다.

2. 지휘자 역할

관리자의 매우 힘든 역할은 부하 성원들을 지휘하거나 인도하는 것이다. 성원들을 시설의 목표와 소속 부서의 목표를 달성토록 지도, 교육하며 이끄는 역할이다. 성원들의 주요 관심과 요망 사항을 진지하게 이해하면서 시설을 위해 이들이 이바지하도록 이끄는 접근이다. 이 접근은 곧 앞서 논한 생산적 관리자가 행하는 지지적, 관용적, 참여적 지도력을 발휘하는 관리이다.

이러한 접근에 관해서 저자는 교향악단의 지휘자가 다양한 악기별로 여러 연주팀을 구성하여 여러 가지 멜로디를 지휘력(생산적 지도력)을 발휘하여 교향된 음악(생산적 실적)으로 바꾸어 청중을 위안하는 상황과 흡사하다는 해설을 한 바 있다. 즉 다음화(多音化) 내지 다공화(多公化)된 조직의 운영 실황을 묘사한 것이다(성규탁, 한국 사회복지조직의 성장과 과제, 2021: 제4장).

생산적 관리자는 이런 교향악단의 지휘자와 같이 내부지향적으로 수다한 성원들의 활동을 효과적 통신으로 지휘해서 종합된 업적을 이루어 외부지향적으로 사회를 위한 목표를 달성할 수 있다.

3. 판단자 역할

관리자는 성원들이 시설목표를 달성하는 상황을 파악, 판단한다. 성원들이 역할을 바람직하게 수행하기가 어렵다면, 그 원인이 성원들 자신에 있는지, 작업환경 때문인지 또는 작업 자체에 문제가 있는지 판단하게 된다. 성원들에게 문제가 있다면 이들의 훈련 부족이나 전문성 부족에 있는지 또는 어떤 다른 문제 때문인지 가려보게 된다.

이런 임무를 수행하기 위해 관리자는 공식적으로 전산화된 감독 체재/절차를 통해 할 수 있고, 비공식적으로 성원 개개인을 직접 만나 대면해서 파악, 대처할 수 있다.

만약 업무수행이 목표달성에 미흡하다면 부하 성원이든, 동료이든, 상부 관리자이든, 이들이 역할과 작업을 시정, 개선토록 설득하거나 압력을 가할 수 있다. 어떤 작업이 효과적이지 못하면, 이를 중단시키는 판단을 할 수 있다. 시설의 외부지향적 목표와 내부지향적 목표를 수행하는 데 다 같이 영향을 끼칠 수 있는 역할이다.

생산적 관리자는 이러한 역할을 수행하는 데 필요할 때는 시설 내외부로부터 조언과 상담을 받을 수 있다.

4. 문제해결사 역할(대책위원회 활용)

관리자는 특정한 정책이나 돌봄서비스 프로그램의 문제점을 해결하기 위해 중견 성원들로 구성된 대책위원회(TF)를 구성해서 활용할 수 있다. 외부지향적 목표달성에 직접적인 영향을 미치는 관리방법이다.

대책위원회를 구성하는 성원들은 경험과 전문성을 갖추고 솔선해서 문제해결에 임해야 한다. 수행할 임무를 진행 일정을 정하고서는 나름의 속도로 수행한다. 위원회 위원장은 이 팀의 지도자가 되지만, 수행될 임무가 달라짐에 따라 바뀔 수 있다. 위원들이 시설의 여러 부서에서 선발되면, 시설 내 다변화된 시각이나 공통된 여론을 파악할 수 있다. 위원들은 각자가 속한 부서와 여타 부서들을 연계하는 통신 및 교류를 촉진하는 망(네트워크)을 이루게 된다.

이런 문제해결을 위한 대책위원회를 구성, 운용하는 데 다음 사항을 유의할 필요가 있다.

1) 위원은 맡은 임무를 끝까지 수행한다고 볼 수 없다. 필요시에는 관리자나 위원장이 다른 요원으로 바꿀 수 있다.

2) 위원들은 다른 성원들로부터 특권을 행사한다고 질투시 내지 경원시 당할 수 있다. 위원회는 당면한 문제해결 목표를 달성하면 곧 해체되며 위원회의 결정사항은 모든 성원들이 공유토록 널리 알려 준다고 공시해야 한다.

3) 위원회가 수행할 문제해결에 관한 업무와 각 위원의 책임을 분명히 하고, 시설 당국에 건의할 사항을 미리 정해놓아야 한다. 다만 자문

역할만 하는가? 결정한 사항을 추진할 책임을 지는가? 결정사항을 시설 운영에 반영하도록 하는가? 이를 거부할 권한이 시설 관리자에 있는가? 아니면, 다만 집단적 논의를 하는 데 그치는가? 이런 질문을 염두에 두고 위원회 활동을 진행해야 한다.

4) 문제해결에 관한 위원회의 결의사항이 시설 운영에 반영되지 않는다면, 이 위원회는 형식적이고 이의 결의사항은 겉치레에 불과하다는 인상을 남기게 된다. 따라서 결의사항은 시설이 필요로 하며 시설 운영에 반영시킨다는 사실을 공시해야 한다.

5) 위원회가 제시한 문제해결 방안에 대해 성원들이 공동으로 관심을 두지 못하면, 이 방안을 어느 한 부서는 찬성하겠지만 어느 부서는 반대할 수 있다.

시설의 외부지향적 목표와 내부지향적 목표 수행 과정에서 일어날 수 있는 문제에 대처하는 데 관리자가 취할 수 있는 판단자 역할이다.

5. 감독자 역할

관리자의 역할 가운데 가장 어려운 것이 부하 성원들을 코치, 지도, 감독하는 것이다. 성원들이 달성할 목표를 효과적으로 수행토록 이끄는 역할이다. 성원들은 서로 다른 부서와 지위에서 서로 다른 업무를 수행한다. 하지만 모든 성원들을 시설이 달성할 총체적 목표를 수행토록 이끌어 나가야 한다. 마치 오케스트라(교향악단)의 경우와 같이 위원들은 악기별로 서로 다른 부서에 배정되어 서로 다른 음악 멜로디를 산출하지만, 모든 산출이 지휘자의 지휘(감독)에 따라 종합되어 하나의 커다란 교향된 음을 발생하여 청중을 위안하는 경우(외부지향적 목표달성)와 흡사한 것이다.

저자는 사회복지조직에서 교향악단에서와 같이 이루어지는 이런 다음화(多音化) 현상을 다공화 현상(polyphonic phenomenon)이라고 이름 붙였다. 저자의 다른 책에 이 현상에 대해 소상히 해설해 놓았다(성규탁, 한국사회복지조직의 성장과 과제, 2021: 제4장).

물론 이 과정에서 관리자는 성원들을 호의적으로 존중, 지지, 보상하면서 이들의 활동이 시설목표 달성에 긴요하며 이 목표를 시설이 기대하는 바에 따라 효과적으로 달성하도록 이끌어 나가야 한다. 민주적이며 인간중시적인 생산적 감독을 행하는 것이다. 즉, 내부지향적 목표뿐만 아니라 외부지향적 목표를 생산적으로 추구하는 관리이다.

6. 통신자 역할

시설 운영과 관련된 IT 자료는 관리자가 시설을 관리하는 데 필수적인 자원이다. 자료(data)는 다음과 같은 기능을 하기 때문이다.

* 돌봄서비스의 개발 및 기획
* 지역사회의 실황 파악
* 돌봄서비스 전달
* 고개 유치 및 확보
* 운영자원 및 성원 보수 관리
* 감독기관과의 교류
* 성원 교육 및 감독

새 시대의 시설은 IT 기능을 활용하여 돌봄서비스를 제공한다. 사회복지사는 온라인 상담, 전화 상담, 비디오 회담, 이메일 연락, 손전화 통신 등 다양한 커뮤니케이션 기법을 사용한다. 컴퓨터와 전자 기기를 사용하여 시설관리에 필요한 각종 (전산화된) 자료를 접수, 저장, 전달, 교환하며 네트워킹하고, 다음과 같은 커뮤니케이션 과업을 수행한다.

* 정보를 유관 개인과 단체에 제공함
* 돌봄서비스를 기획, 전달함
* 고객에 관한 정보를 수집, 저장 및 관리를 함
* 사회복지사를 교육, 감독함
* 수집된 정보를 윤리적으로 사용함
* 정부와 관리 단체가 제정한 법칙과 절차를 준수함

관리자는 이러한 과업을 수행하면서 고객 복지를 위한 정책수립 및 시행, 예산 책정 및 관리, 유관단체 및 집단(정부, 재단, 시설, NGO, 회사, 자원봉사집단 등)과의 교류, 대인관계,

의견수렴을 위한 커뮤니케이션을 폭넓게 행한다. 지속적으로 개발되어 나가는 IT를 도입, 사용할 수 있도록 담당 요원을 외부 교육기관에 파송하여 교육, 훈련을 받도록 한다.

시설의 내부지향적 과업을 촉진하면서 외부지향적 과업을 지원하는 양 방향적 관리를 하는 것이다.

관리자는 위의 매개자 역할을 포함한 여러 역할을 수행함으로써 외부지향적이며 내부지향적인 과업을 바람직하게 수행해 나가야 할 것이다.

제12장 인력관리

생산적 시설은 윤활유를 주입한 기계와도 같이 잘 돌아가며 시간과 자원을 남용치 않는다.

생산적 인력관리는 성원들에게 부당한 압력을 행사하거나 긴장을 조성하지 않고 마땅한 정신적 및 물질적 대우를 함으로써 이룩할 수 있다. 인력관리는 시설 자체 유지를 위한 내부지향적 목표를 추구하는 관리이다. 하지만 이런 관리를 함으로써 외부지향적 목표도 생산적으로 추구할 수 있다.

자유경제 체제에서 관리되는 시설들은 일반적으로 경제적 효율성을 고려하며 다음과 같은 방도로 성원들을 위한 급여와 장려를 하고 있다(Gerhart & Newman, 2019; Berger & Berger, 2015).

마땅한 급여와 보상은 유능한 성원들이 시설에 머물러 있으면서 기여토록 하는 요건이 된다. 이 요건에 관에서 이 장 끝에서 논하고자 한다.

(1) 비용의 감소

생산적 관리는 비용을 감축하면서 실행된다.

시설의 주요 목표는 고객을 위한 돌봄 과업의 수행이다. 관리자는 이 과업을 가능한 한 비용을 절감하며 효과적으로 수행토록 해야 한다. 이런 실황을 검증하기 위해 제8장에 제시한 효율성 검증을 한다.

(2) 기술의 선용

새 시대의 시설은 디지털 기술을 활용한다. 이 기술을 효과적으로 사용함으로써 돌봄프로그램을 원만히 운영하고, 자료를 적절히 수집, 활용하며 시설관리를 순조롭게 진행할 수 있다.

그런데 시설목표 달성의 중간적 변수라고 하면 다름 아닌 성원들이 효과적으로 일하도록 인력개발을 위한 기술/기법 교육을 하는 것이다.

생산적 관리자는 이렇게 성원들의 전문기술적 발전을 지원함으로써 이들의 돌봄서비스 능력, 목표추구 의욕, 시설에 대한 충성심을 돋울 수 있다.

(3) 보상과 표창

시설의 사회복지사를 포함한 요원들은 사람들의 복리를 증진하는 고귀한 가치를 숭앙하며 근무하고 있다.

시설관리는 이들의 능력과 자격에 맞지 않게 낮은 대우를 함으로써 시설의 이득만을 위하는 식으로 해서는 안 된다. 사회복지 업무는 보람 있는 일이기는 하지만 이 업무를 수행하는 성원들에 대한 물질적인 대우도 알맞게 해야 한다. 즉 보상, 월급, 임금이 적절하게 지급되어야 한다.

직종, 기능, 업무를 수행하는 데 따라 봉급을 지급함은 관리자의 책임이다. 물론 금전이 아닌 표창, 칭찬 같은 상징적인 방법도 적용할 수 있다. 시설에서는 일반적으로 직책의 중요성이나 직책을 수행하는 데 필요한 교육, 기술, 지식 및 자치권의 정도를 바탕으로 보수를 정한다. 이와 함께 상급 및 하급의 위계적 차이에 따라 구별하기도 한다.

사회복지 성원들의 봉급은 관례적으로 시설이 소속된 전국적 협의체나 지방 행정자치 당국이 책정한 바에 따라 지급한다. 혹간 성원이 소속된 노동조합의 요구로 다소간의 변동이 생긴다. 이러한 주체들이 설정한 봉급체제에 따라 봉급·급여의 범위를 책정하고 인플레와 시장변동에 따른 조정을 한다.

대다수 시설은 근무 연수에 따라 급여 수준을 정한다. 고도의 경험을 축적한 성원에 대해서는 봉급을 증액한다. 전국적 또는 지역적 필요성이 높은 특정 돌봄서비스를 담당하는 성원에 대해서는 전문인력을 보존하기 위해 대우를 개선한다. 인플레와 생활비 증가에 따라 다소간 증액된다. 업무를 우수하게 수행하는 성원은 감독자나 팀장으로 승진되어 더 많은 봉급을 받게 된다. 즉 더 무거운 책임을 맡음으로써 더 많은 보상을 받는 꾸밈이다. 이 체제의 문제점은 업무 능력이 약하면서도 장기간 근무했다는 조건으로 봉급을 더 받는 것이다. 그리고는 진급함으로써 업무수행 능력이 높은 성원보다 봉급을 더 받는 문제도 있다. 근속연한이 업무수행 능력보다 더 중요하게 다루어지는 것이다.

어떤 시설은 봉급체제와 아울러 고도의 봉사 정신을 발휘하는 성원의 인간봉사자로서의 정체성을 높이 받들며 이들의 기여를 칭찬, 권장하고 있다.

돌봄 기법 중심 대우

어떤 시설에서는 가장 고도의 돌봄서비스 기법을 사용하는 성원과 가장 낮은 기법을 사용하는 성원을 구별해서 봉급을 지급한다. 예로 정신문제를 가진 고객을 위한 고도의 치료기법을 적용한 진료소의 경우이다. 이런 시설에서는 성원들을 위한 재직 훈련, 혹은 시설 안팎에서 운영하는 연수, 교육 과정을 밟도록 한다. 이런 과정을 마친 성원에게 진급과 함께 봉급을 증액한다. 여러 가지 다른 직종에 대해서도 교육과 훈련을 받도록 한다. 예로 회계 기법을 배우고, 모금 활동 방법을 연수하고, IT 기법 교육방법을 배우는 것이다. 이렇게 다기능을 소지한 성원에게는 더 많은 봉급을 준다.

하지만 다수 시설은 반드시 봉급을 증액하는 데만 머물지 않고 성원들의 전문성을 향상함과 아울러 인간봉사자로서 보람 있게 업무를 수행토록 격려, 지지하고 있다.

업무실적 중심 대우

성원의 업무수행에 따라 봉급을 책정하는 것이다. 이 방법의 기본 취지는 성원의 노력하는 정도, 작업의 질, 성취하는 실적에 기틀을 둔다. 노력을 많이 해서 특출한 업무실적을 내도록 동기화하는 데 목적이 있다. 이렇게 함으로써 시설의 장기적 목표와 단기적 목적을 성취토록 하려는 것이다. 어떤 시설은 상당히 세밀한 봉급인상방법을 적용한다. 즉 점수제를 적용하거나 관리 측이 중시하는 업무수행에 가산점을 주는 방법이다.

예로 장애인을 위한 직업보도 프로그램의 경우 돌보아 준 장애인 수, 취업을 시킨 장애인 수, 이들이 받는 평균 초봉의 액수, 이들의 만족도 등을 감정한다. 이러한 검증 결과를 특출함, 높이 이룩했음, 그대로 잘했음, 보통임 등급으로 평가한다.

그런데 업적 평가로 급여를 책정하는 데 어려움이 있다. 요원은 자신의 업무 활동을 지나치게 높이 매길 수 있고, 최고 등급을 못 받으면 불평하게 된다.

그래서 관리자는 목표지향 활동을 분명히 정해놓고, 가능한 한 이 활동을 숫자로 등급을 매겨 요원 측과 관리 측이 다 같이 쉽게 알아볼 수 있게 할 수 있다.

또 하나의 문제는 이와 같은 방법으로 보상을 주기로 정한다 해도, 시설이 이를 시행하는 데 필요한 재정 자원이 부족하거나 없을 때도 있다.

게다가 노동조합이 시설과 계약하여 성원 업적의 평가와 급여를 관리 측이 하는 바와 다르게 하는 때도 있다.

또한, 이사회의 개입이 있을 수 있다. 이사들은 생산성과 효율성 증진을 원하지만, 급여를 증액하는 데는 찬성치 않는 경우가 있다.

가장 바람직한 방법은 급여를 책정하는 데 관리 측, 요원 측 및 이사 측이 최대한의 협의와 협동을 하는 것이다. 다른 시설이 행하는 예를 참고하여 이를 따를 수 있겠지만, 시설은 각자가 처해 있는 실정을 참작하여 시설 사정에 맞게 처리해 나가야 한다.

이러한 사항을 참작하여 관리자는 급여방법을 정하기에 앞서 시설이 달성해야 할 장기적 및 단기적 목표를 분명하게 공표하고, 업무를 잘 편성하고, 개개 성원의 업무실적을 평가하는 적절한 방법을 정해놓아야 한다. 그리고는 재정 자원을 확보해 놓는다.

보너스(상여금)와 상징적 보수

사회복지시설은 비금전적이나 상징적 방법으로 성원의 업무활동을 보상할 수 있다. 예로 "이 달의 특출한 성원"이라는 제목하에 표창할 수 있다. 특출한 활동을 한 성원을 시설의 이사장 또는 회장과 "식사를 함께하는 것", 또는 "특별 휴가"를 주는 것 등을 들 수 있다.

돌봄서비스를 제공하는 성원 이외에도 대우를 받을 수 있는 조직원들이 여럿 있다. 재무 당당 회계원, 접수 담당, 운전기사, 건물 관리자, 기타 보조원 등 시설을 위해 일하는 직원들이다. 이들도 상징적 보수 수혜자가 될 수 있다. 그리고는 탁월한 보고서 작성, 어려운 여건하에 업무를 훌륭히 수행한 성원에게 감사장을 줄 수 있다. 어떤 시설은 성원들이 다른 성원의 업무 활동을 평가하게 해서 선정된 성원을 모두가 칭찬해 준다. YMCA 등 여러 사람 봉사 조직들이 흔히 행하는 방법이다.

그리고 성원들이 좋아하는 방법으로서 감사장을 주는 것이다. 이 감사장을 사무실 벽에 걸어 놓고 자랑스럽게 여긴다. 또한, 점심에 초대하거나 조그마한 선물을 하는 것이다. 그리고 시설의 전체 모임에서 일 잘한 성원을 칭찬해 주는 것이다.

이러한 보상을 아래와 같은 방법으로 할 수 있다.

* 중요한 임무를 수행토록 위촉함
* 시설 모임에서 칭찬함
* 선물을 줌
* 소액의 금전을 줌
* 시설이 발행하는 신문이나 잡지에 실어 줌
* 편리한 자동차 주차장소를 제공함
* 관리자가 부재 시 대리 관리자 역할을 하도록 함
* 세미나, 포럼에 참석할 기회를 줌
* 좀 더 잘 마련된 사무실을 사용토록 함
* 특별한 사업의 팀장이 되도록 함

그리고는 업적을 잘 수행한 성원에게 줄 수 있는 값있는 보상으로서 자질, 전문성, 자격을 높일 수 있는 교육이나 훈련을 위한 기회를 제공하는 것이다. 발표회, 연찬회, 포럼, 세미나, 외국 시설 견학 등에 참여토록 한다. 이렇게 함으로써 성원 자신의 발전은 물론 시설의 유능한 인력을 양성해 낼 수 있다.

생산적 관리자는 인간중시적인 심리적 차원의 관리와 아울러 위와 같은 물질적 차원의 관리를 겸하게 된다. 이런 관리는 일차적으로 내부지향적 목표를 달성하는 이점이 있지만, 장기적으로는 외부지향적 목표를 바람직하게 달성하는 데 기여할 수 있다.

(4) 유능한 성원 보존과 보상

생산적 시설은 목표를 수행할 수 있는 유능한 성원들을 확보, 보존해야 한다. 능력 있는 성원을 채용하여 장기간 근속하도록 보존하는 데 상당한 재원 - 급여, 보상, 교육 등 - 을 투입해야 한다.

관리자는 유능한 성원을 다른 시설에 빼앗기지 않고 보존하기 위해 급여 및 보상을 어느 정도 제공해야 하는가를 다른 시설과 비교하면서 수시로 검토해 나가야 한다.

뿐만 아니라 각 성원이 시설의 새로운 돌봄서비스 프로그램 운영에 알맞은 교육과 경험을 갖추었는가, 어떠한 교육과 훈련을 더 필요로 하는가, 시설의 설립이념과 정체성에 순응하는가 등의 요건도 함께 검토해야 한다.

하지만 정부와 재단이 제공하는 지원금의 삭감 내지 감소,

성원들의 보다 나은 직장을 찾아 옮겨 가려는 욕망 등 변수는 시설의 합리적이며 생산적인 운영을 저해하는 요인으로 작용한다. 이런 부정적 요인은 관리자로 하여금, 봉급 및 보상을 증액하느냐, 이를 위해 성원 수를 감소하느냐 또는 근무시간을 줄이느냐 등의 어려운 선택을 하도록 한다. 이런 문제에 부딪힌 관리자는 흔히 비생산적 성원을 면직시키고 유능한 성원을 잔류토록 한다. 시설이 보유하는 재원의 삭감 내지 부족은 관리자로 하여금 이러한 심각한 선택을 하도록 만든다. 반대로 시설의 예산이 증가하게 되면 능력이 부족한 성원들을 훈련, 교육 시켜 계속 보존할 수 있다.

유능한 성원들은 흔히 다른 시설로부터 보다 나은 근무조건 - 증액된 봉급과 보다 나은 보상 - 을 오퍼 받는 경우가 있다. 하지만 이런 오퍼를 받는 성원을 위해 시설의 재정 사정에 맞지 않게 봉급을 인상해 주는 방법을 유일한 대안으로 택할 수 없다.

제13장 회의 관리

관리자의 다양한 과업 가운데 하나가 수 없이 열리는 시설 운영에 관한 각종 회의를 관리하는 일이다.

시설의 목표 수행은 관리자 개인이 하기 어려우며 복수의 성원, 이사 및 유관자들과 함께 회의를 통하여 의견과 제안을 교환하면서 협의해 나가야 할 경우가 많다.

Likert는 기업, 산업, 교육 및 정부 관련 조직을 다년간 폭넓게 조사한 후 (앞서 제시한) 다음과 같은 2가지의 바람직한 조직 관리자의 유형을 가려냈다.

1) 상담을 중시하는 관리자
2) 참여를 중시하는 관리자

먼저 상담 중시 관리자는 부하 성원들의 소견을 청취하여 적어도 일부는 수렴한다. 하지만 성원들 대부분은 조직목표 수행에 대한 책임감을 느끼지 않는다.

이와 대조적으로 참여 중시 관리자는 부하 성원들을 각종 회의에 참석시켜 조직 운영에 관한 협의에 참여토록 하여 이들의 의사를 수렴하고 이들과의 팀워크를 이루어 문제를 해결해 나간다. 모든 성원들은 조직목표 달성에 대한 책임을 지도록 이끈다.

이러한 바람직한 양상은 참여 중심적 관리가 조직의 효과성을 이룩하는 데 유리함을 시사한다.

참여 중심 관리를 지향하는 회의는 다음과 같은 필요가 있을 때 하게 된다.

* 시설의 기본적 가치와 이념을 재조명, 재강조해야 하거나, 성원 인력을 시설의 사명 및 목표 수행에 효과적으로 투입해야 할 필요성을 강조해야 할 경우
* 복잡한 안건에 대한 다수 성원들의 의견을 수렴하여 결의해야 할 경우
* 특정한 성원의 전문 지식, 기술, 경험이 필요할 경우
* 여러 부서의 활동을 조정할 필요가 있을 경우
* 시설이 어떤 중대한 문제에 부딪힐 때 정보를 나누고 공동의 대안을 찾아야 할 경우
* 특정한 성원 또는 부서의 업적을 치하, 칭찬하고 사기를 높여 효과적 팀작업을 권장해야 할 경우

(1) 회의 개최, 진행, 결과 관리

위와 같은 사항에 대처할 필요가 있을 때 회의를 열게 되는데 관리자는 회의를 성공적으로 진행하기 위해서 다음 요건을

갖추어야 한다.

  * 모임이 끝나면 이루어져야 할 사항
  * 모임에 참석해야 할 사람들과 참석자 개개인이 해야 할 역할
  * 모임에서 다루어야 할 과제 또는 안건
  * 모임을 열기 전에 준비할 자료
    - 종전 회의록, 특별 보고서, 새로운 안건
    - 각 참석자가 논의할 사항
    - 각 참석자에게 배당할 시간
  * 회의 개최 공고는 1~2주 전에 할 것

(2) 회의에서 이룩할 사항

관리자는 참석자가 회의의 기본적인 기능을 잘 알도록 해야
한다. 회의는 보통 다음과 같은 기능을 한다.

  * 업무의 조정과 공동으로 수행할 업무에 대한 협의
  * 업무를 나누어 담당할 팀 조직
  * 업무수행에 관한 정보교환
  * 결정이나 합의를 이루어야 할 사항
  * 설립자나 관리자에게 건의할 사항
  * 목표지향 과정에서 일어나는 문제에 대한 논의

(3) 회의 개최에 앞서 갖추어야 할 사항

 * 참석자 수
 * 새로운 사항을 알리기 위해서는 참석자가 다수일수록 좋

다. 하지만 어떠한 문제를 해결하기 위해서는 참석자를 5
명에서 10명 정도로 제한해서 집중적으로 협의하는 편이
알맞다.

* 한 사람이 회의를 독점하는 경우 그의 제안을 일방적으로
  추진하는 결과를 초래하게 된다. 관리자는 이런 결과가 나
  오지 않도록 사전 대책을 세워야 한다. 여러 성원의 의견
  과 제안이 반영되도록 하여 회의 후 대립, 반대하는 결과
  가 발생치 않도록 한다.

회의가 뚜렷한 결정을 이루지 못할 경우는 관리자가 지도력
을 발휘하여 회의가 생산적으로 진행토록 이끌 수 있다. 하지
만 회의에서 발언과 건의를 제대로 하지 않고 불만과 반대를
하는 성원과 집단이 있을 수 있다. 이런 상황을 방지하기 위해
다음 방법을 적용할 수 있다.

* 논의를 지정된 주제에 국한함
* 참석자가 서로 다른 생각과 의견을 발언하도록 유도함
* 참석자들이 적극적으로 참여, 논의토록 유도함
* 대안을 제시토록 권고함
* 추상적인 안을 좀 더 구체적으로 제의토록 함
* 새로운 생각을 하도록 유도함
* 합의를 이룩하기 위한 다음 회의를 준비함

(4) 합의를 이루기 위한 노력

회의를 통해 성원들이 자유롭고 개방적으로 의견과 건의를

교환하여 합의를 이루어 최종 결의에 이르도록 한다. 각 성원은 자신의 소견이 다소 수렴 안 되어도 전체 모임의 종합적 결의에 동조하게 되는 경우가 많다. 참석자의 협동적 노력으로 건전한 결과를 이룩하게 되는 것이다. 하지만 완전한 합의를 이루기는 어렵다. 모임의 최종 결정이 여러 참석자의 의견을 반영하지 못하는 경우는 관리자와 회의 진행 책임자의 의견에 따라 조정, 정리될 수 있다.

합의를 바탕으로 결의하는 데는 참석자들의 상호신뢰감이 작용하게 된다. 서로의 의견을 귀담아듣고, 자신의 의견과 다른 의견을 이해하려는 노력이 필요하다. 합의는 나의 의견이 옳고 너의 의견은 잘못이다 하는 식의 일방적인 시각이 작용돼서는 이루어지기 어렵다.

회의는 시설의 내부지향적 목표와 함께 외부지향적 목표를 생산적으로 수행토록 이끄는 중요한 방편이다.

제14장 프로그램 예산 관리

사회복지 시설의 대표적인 외부지향적 과업은 사회복지 프로그램(program) 운영이다. 시설은 이 프로그램을 운영하기 때문에 사회로부터 자원과 협조를 받고 그의 존재 타당성을 인증받는다. 고객 그리고 감독자와 자금제공자는 모두 이 프로그램 운영을 보고 시설을 평가한다.

이러한 프로그램은 고객의 치유, 재활, 구호를 위한 직접적 돌봄서비스며 이에 대한 고객의 만족이나 수용을 기틀로 평가된다. 그리고는 고객이 프로그램을 활용하는 정도가 평가대상이 된다.

관리자는 프로그램 목표를 설정하고, 이를 추구하는 데 필요한 인적 및 물적 자원을 확보하고, 추구할 기간을 결정하고, 이 목표를 달성함으로써 이룩하게 될 외부지향적 성과 또는 효과를 평가할 기준을 설정해 놓는다.

관리자의 다양한 과업 가운데 재무관리가 매우 중요함은 두 말할 여지가 없다. 재무와 관련된 예산 관리는 시설의 내부지향적 과업이지만, 이 과업은 외부지향적 목표달성에 직접적 영향을 미친다. 시설의 외부지향적 돌봄서비스 프로그램을 위한 재원과 내부지향적으로 성원들의 보수와 작업조건을 갖추는 데 필요한 재원은 상호 연계되어 있기 때문이다.

돌봄서비스 프로그램이라 함은 중장기적으로 실행할 사회복지 돌봄서비스 활동들의 유형 및 기법, 돌봄 대상 고객, 돌봄을 제공할 요원, 돌봄 세팅, 돌봄 기간, 달성할 목표, 목표달성으로 이룩할 결과, 이 결과의 평가를 종합적으로 기획, 설정한 것이다. 이 모든 과업을 지원하는 것이 예산이다.

관리자는 이런 예산을 바람직하게 편성, 집행하고, 집행결과를 검증함으로써 돌봄서비스 프로그램을 운영할 수 있다.

이 절에서는 관리자가 참고할 수 있는 프로그램을 위한 예산만을 제한적으로 논의하고자 한다. 예산에 관한 일반적인 사항에 관해서는 다음 자료를 참조하기를 바란다.

* 보건복지부, 사회복지법인 및 사회복지시설 재무·회계규칙, 보건복지부령 제831호, 2021.9.30
* 황성철, 정무성, 강철희, 최재성, 2020, 사회복지행정론. 제7장

관리자는 정부 지원과 공익재단, 민간단체, 개인 등이 제공하는 다양한 재원(지원금, 보조금, 기부금, 헌금, 서비스 수수료, 기타 수입)을 종합하여 시설의 연 예산을 편성한다. 프로그

램에 투입되는 전년도, 금년도 및 내년도 예산을 비교 평가해
나간다. 이러한 과업을 기획, 감리하면서 시설이 달성해야 할
외부 및 내부지향적 목표달성을 지향한다.

예산 개발을 위한 첫 번째 과업은 시설이 외부로부터 받아들
이는 재원의 출처, 액수, 관련된 정책을 파악하는 것이다. 아울
러 내부적으로 서비스에 대한 수수료, 제공된 서비스에 대한
환불금, 수익사업에서 오는 수입 등의 수납과 변동을 살펴본다.

첫째로 시설이 필요로 하는 예산을 보수적으로 세우고 지출
을 관대하게 하는 식으로 짜본다. 그리고는 지출을 계산하기
전에 위와 같은 수입을 알아본다.

돌봄서비스 프로그램 운영을 위한 예산은 위와 같은 사항들
을 고려하면서 기획, 편성된다.

프로그램 기획은 앞으로 돌봄 대상이 될 고객의 수를 포함한
다. 구체적으로 프로그램에 얼마만큼의 여러 가지 자원이 투입
되어야 하는가를 알리는 추정 금액을 명시한다. 프로그램을 실
행하는 데 필요한 인력(요원들)의 자격(학사, 석사, 자격: 1급,
2급, 상급 등)을 부가한다. 어떤 인력이 필요하며 지급할 보수
는 얼마인가를 밝힌다. 아울러 성원을 위한 부대 보수, 지급할
세금 등을 예정한다. 그리고는 돌봄서비스를 제공하는 데 필요
한 장비, 시설, 공간 및 자료를 마련, 유지하는 데 소요되는 비
용을 파악, 부기한다.

관리자는 수입과 지출을 예정하고, 월별, 분기별 지출액을
예상하고, 내부와 외부의 감독자와 지원자에게 보고한다. 외부

의 감독자와 감리자가 감독 및 감리업무를 수행토록 최대한의 협조를 해야 한다.

끝으로 재무관리에서 빼놓을 수 없는 과제가 비용분석이다. 사회복지시설은 거의 모두가 이런 분석을 하지 않거나 꺼린다. 그래서 특정한 고객을 위한 돌봄서비스 프로그램을 위해 얼마만큼의 비용이 들었다는 설명을 하지 못한다.[5]

비용분석은 돌봄서비스 프로그램이 고객에게 미친 결과를 검증하는 방법이다. 관리자는 이 분석을 하는 데 사회복지 윤리강령을 엄수해야 한다.

예산 집행 과정에서 관리자가 부딪치는 가장 어려운 과제는 지원금/수입의 삭감 내지 감소이다. 이런 변동은 곧 고객 돌봄서비스를 감축하고 돌봄 전달자인 성원들을 위한 보수를 삭감하게 된다.

이런 불상사가 발생하면, 관리자는 성별, 나이, 사회적 계층 등에 상관없이 가용 재원으로 고객에게 공평하고 도의적인 대우를 하며 협력 기관과 시설에 의뢰해 보냄으로써 윤리적 처우를 해야 한다.

재무관리는 돌봄서비스를 성원들의 사기를 돌우면서 지역사회 복리를 효과적으로 증진하는 데 따라 평가된다. 재무는 시설의 외부지향적 및 내부지향적 목표를 다 같이 바람직하게 달성토록 지원하기 때문이다.

---

5) 제9장 효과성 분석 및 효율성 분석 참조.

제15장 모금 활동 관리

　자원을 확보하는 일은 매우 긴요한 과업이다. 관리자는 그의 시간과 정력의 상당 부분을 이 과업을 수행하는 데 투입한다.

　사회복지 시설을 포함한 비영리 조직을 위한 자원확보를 위해서 여러 가지 방법이 활용되고 있다(강철희, 2020; Heyman, 2016; 아산사회복지재단, 2013).

　대다수 시설은 정부로부터 지원금을 받는다. 하지만 이 지원금만으로는 늘어나는 고객의 요구를 충족하기 위해 다양한 돌봄서비스를 제공하며 성장하는 시설을 유지해 나가기 어렵다. 따라서 시설 자체가 다소간의 자원을 보충하기 위한 모금 활동을 해야 한다(김형용, 2013).

　자원을 확보하는 데는 기부를 받는 것과 물건을 증여받는 방법이 있다. 기부는 현금을 받는 것이고 증여는 물건이나 봉사 또는 서비스를 받는 것이다. 모두가 소위 나눔 활동이라고 볼 수 있다(강철희, 2020).

우리나라의 나눔 활동은 증가하는 추세이다. 개인과 기업의 기부와 증여는 증가하고 있다. 증가하는 추세는 사회복지공동모금회의 발전적인 활동을 보아 알 수 있다(아산사회복지재단, 2013).

이와 더불어 노력 봉사와 재능 나눔으로 하는 자원봉사를 여러 자선단체, 종교단체, 공공기관, 지역 시설과 집단 그리고 뜻 있는 개인이 하고 있다.

이와 같은 기부 및 증여와 자원봉사가 시설이 확보해야 할 주요 자원이 된다.

이 모두가 대가를 바라지 않고 공익을 위해 바치는 금품, 물건 등 물질적 지원과 공익에 도움이 되는 재능과 인력이다.

관리자는 이런 사회적 지원을 받기 위해 여러 가지 방안을 연구, 개발해 나갈 수 있다.

지역사회 내 개인, 집단, 단체, 기업 가운데 헌금을 하거나 자원봉사를 할 가능성이 있는 곳을 탐색하여 이들의 명단을 작성해서 앞으로 있을 시설 행사에 초청할 계획을 세운다.

모금 활동에 도움이 되는 인사를 선발하여 이사회와 운영위원회 회원으로 임용할 수 있다. 초청대상자들을 방문하여 지난번에 받은 기부와 봉사로써 이룩한 실적을 알려 주고, 감사장을 전달하고, 이분들의 생일에 축하장을 보내고, 시설이 개최할 연차 또는 특별 행사에 참석해 주도록 부탁한다.

개인과 작은 집단이 소액의 기부나 노력 봉사를 하는 사례가 많아졌다. 받는 것이 작더라도 이런 사례를 잘 활용해야 한다.

다수 시설은 인터넷을 통한 온라인 방식으로 모금을 한다. 즉 '온라인 모금'이다.

물건을 판매하거나 특정한 서비스를 제공해서 수고료를 받기도 한다.

어느 방식이든 중요한 것은 받은 기부금과 현물을 시설의 공익활동을 위해 효과적으로 사용했다는 사실을 기부자에게 소상히 알려 주는 것이다. 즉 기부를 책임성 있게 활용했음을 알리는 것이다.

첫째로 관심을 둘 대상은 기부할 개인, 집단과 단체이다. 동창생, 친척, 친구, 소속 사회집단 및 교회와 사찰의 회원, 지역사회 지도자 그리고 지역 내 각종 단체(은행지점, 사업체, 교회, 사찰, 사설 재단, 회사) 등이 포함될 수 있다. 이들이 주된 기부 및 증여를 부탁할 대상이 될 수 있다.

어느 경우나 기부한 분과 증여한 분의 이름을 공개하고, 이분들에게 정중하게 감사를 표해야 한다.

건물을 짓고 운영 기금을 조성하기 위한 기부는 시설의 돌봄 프로그램 운영을 위한 기부와 구별되어야 한다.

지역사회에서 이루어지는 행사를 활용할 수 있다. 소속 지역사회(동, 구, 시)에서 거행되는 행사를 이용해서 모금 활동을 하거나 앞으로의 모금을 위한 준비를 할 수 있다.

이런 행사에서 물건을 판매할 수 있다. 시설의 성원이나 자원봉사자가 만든 과자, 빵, 음료수, 선물, 일용품 등을 판매해서 현금을 얻는다. 유명한 미국 걸스카우트(소녀단체)는 쿠키(cookie 비스킷의 일종)를 판매해서 그 단체의 활동자금을 마련하고 있다.

행사 때 점심식사를 제공해서 식비를 거두고, 행사장에 입장하는 데 입장료를 받는다.

열쇠고리, 펜, 스티커, 메모지 등에 조직의 로고를 붙여 기부자에게 증여한다.

시설을 위해 열정적으로 모금 활동을 할 사람들을 모아 시설 자체가 독자적으로 이러한 모금 활동을 할 수 있다.

모금 활동에는 부대 비용이 난다. 지역 내 사업체에 음식물이나 일용품을 기증해 달라고 부탁하고, 은행지점에 사소한 비용을 지불해 달라고 요청할 수 있다.

식당과 카페에서 갖는 점심, 저녁 식사 또는 환담회에 초대해 식비와 음료값을 받는다.

현금 기부를 못 하는 분들에게는 자원봉사를 해달라고 부탁한다. 자원봉사자는 빵, 과자, 음료 등을 장만하고 행사장 안내 등을 하도록 한다.

미술품 판매, 서화 작품 판매, 운동회, 노래자랑 모임 등 행사를 하여 판매액의 일부 또는 전부를 기부받는다.

페이스북과 이메일을 통해 모금 행사를 통보할 수 있다. 친구와 지인을 행사에 데리고 오도록 부탁한다.

이러한 여러 가지 활동은 공공이익과 사회복지를 위해서 대가를 바라지 않고 하는 봉사이다. 사회적 지위나 빈부의 차이가 없이 보람 있게 할 수 있는 활동이다.

이 모든 유형의 모금 활동은 시설의 외부지향적 목표달성을 위할 뿐만 아니라 내부지향적인 시설 자체 유지를 위해 불가결하다. 이 과업을 생산적으로 수행하기 위해서는 관리자의 창의적 기획, 헌신적 노력, 외교 능력과 아울러 시설 성원들을 결속하는 지도력이 필요하다.

제16장 사례관리 감독

관리자의 다양한 역할에서 빠질 수 없는 것이 현대 시설에서 광범위하게 이루어지는 사례관리를 감독하는 일이다.

사례관리의 주목적은 돌봄서비스 프로그램이 지향하는 목표를 효과적으로 성취하는 것이다. 시설이 목표를 이렇게 성취토록 하는 합당한 방법이 곧 생산적 관리이다.

무엇보다도 사례관리 담당 요원들이 돌봄서비스 프로그램의 장기적 및 단기적 목표설정, 작업 절차 결정, 업무 배정, 실적 평가, 프로그램 요원과 행정 및 보조 요원 등 인적 자원확보, 운영 재원 조달, 통신교류 체계 설정, 지역사회와의 교류 등 과업에 광범위하게 참여하여 의사를 표명토록 하는 관리이다.

시설의 비관료화를 도모하여 권력을 분산하는 체제에 사회복지사, 요양보호사, 재활전문인, 의사, 간호사, 행정 요원 및 보조원으로 이루어진 사례관리팀을 호의적, 지지적, 인간적으로 대우하고, 아울러 이들을 위한 보상, 승진 및 표창이 합당하게 이루어지도록 하는 생산적 관리가 이루어져야 한다. 인간중시적 가치가 스며들어 있는 관리라야 한다.

이러한 생산적 관리는 사례관리 요원들이 흔히 부딪치는 다음과 같은 문제를 해소할 수 있다고 본다.

* 사례관리의 대상이 되는 다수 고객은 사회적으로 취약하며 경제적으로 어려운 생활을 하고 있다. 이들에 대한 돌봄서비스를 제공하는 데 지켜야 할 가장 중요한 윤리적인 원칙은 이들에게 인간중시적으로 존엄성을 높여 주는 것이다.
* 지역사회의 협조해 주는 기관, 시설 및 집단의 요원들과의 인간관계를 개발, 향상해야 한다. 사례관리의 필요조건이 지역사회의 인적 및 물적 자원과 연계, 교환, 협동하여 활용하는 것인데 이들과 호의적이며 협조적 관계를 개발, 유지하여 모두가 조직목표 수행에 이바지토록 이끌어야 한다.

다수 시설은 사례관리를 하는 데 다음과 같은 어려움을 겪고 있다.

* 사례관리 담당자의 역할에 관한 규정이 불명확함
* 업무(서류작성, 상자 배당, 현장 활동 등)가 과도함
* 요원 인력이 부족함
* 행정지원이 부족함
* 돌봄 시간이 부족함
* 사례관리 요원과 행정 요원이 빈번히 교체되어 업무집행의 연속과 안정을 이루지 못함
* 성원개발(전문성 고양)을 위한 노력이 부족함

* 대우 및 보상이 불충분함
* 성원 능력에 따른 업무배당이 부적절함
* 성원 간의 융합 및 정보교환이 불충분함
* 성원 간의 갈등 및 긴장 해소가 미흡함
* 시설 내부적 및 외부적 변화에 유연성 있게 대응하기 어려움
* 성원의 잠재력 및 창의성을 발휘토록 유도해야 함
* 시설 내 인간관계를 고양하는 문화의 개발이 필요함

이와 같은 문제들을 해소하기 위해서 시설은 적어도 다음과 같은 노력을 해야 한다고 본다.

* 자원 증대
* 성원 증원
* 업무량 감축
* 업무시간 조정
* 서류작성 감축
* 사례관리의 목표와 절차 및 돌봄서비스에 대한 명확한 규정
* 현장 실정에 관한 관심, 이해 및 파악
* 자유로운 정보교환 및 의사소통
* 성원 간의 상호협동
* 요원 대우 개선
* 요원의 작업 동기화
* 지역사회 협조자와의 관계 개선
* 시설의 사회적 안락 및 안정성 고양
* 시설의 인간 관계적 문화 개발

중장기적으로 진행되는 사례관리의 모든 과정의 각 단계와

절차에서 위와 같은 어려움을 풀어나가면서 고객과 사례관리 요원을 함께 인간중시적으로 대우해 나가야 할 것이다. 즉 외부 지향적 및 내부지향적 목표를 균형을 취하며 추구하는 것이다.

이렇게 생산적으로 관리함으로써 돌봄서비스 사례에 대한 관리를 더욱 더 효과적 및 효율적으로 이룩할 수 있다고 본다 (Rothman & Sager, 1998).

고객의 존엄성을 받들면서 시설 성원을 호의적으로 지지하는 인간 중심 관리 — 생산적 관리 — 가 중요하다.

생산적 관리자는 억압적이고 통제적인 권위행사는 성원들의 반감과 원성을 사게 되고, 이들의 사기와 작업 의욕을 저하해서 작업 동기를 유발하지 못하여 작업 효과성을 이룩할 수 없다고 판단한다.

이런 생산적 관리자는 성원들이 작업목표설정, 예산 책정, 비용 절감, 작업 진행 계획 등 조직이 실행하는 다양한 작업에 참여하고, 공동으로 수렴한 목표를 추구토록 이끈다.

구체적으로 작업수행을 지도해 주고, 훈련 및 교육을 받을 기회를 제공하고, 성원 각자의 능력에 알맞은 일을 맡도록 하고, 알맞은 자리와 위치로 이동 또는 승진토록 지지해 준다. 모두가 생산적 관리를 위한 필요조건이다.

생산적 관리자는 더욱이 성원의 개인적 가치(중요성)를 인정받고자 하는 욕망을 호의적으로 충족해 줌으로써 그가 자율적으로 시설을 위해 작업을 수행토록 동기를 유발한다.

성원이 자기 존중감을 발현하며 자기성취를 하도록 민주적,

관용적, 참여적, 부하지향적, 지지적 리더십을 발휘하며 이끌어
나가고, 더욱이 이를 성취할 수 있는 바람직한 작업환경을 조
성하는 데 최대한의 노력을 기울여야 한다.

벅찬 과업을 수행하는 사례관리 담당 요원이 필요로 하는 작
업환경을 조성하는 생산적 관리이다.

맺는말

국가와 사회가 부유해지고 사람들의 사회복지에 관한 관심과 욕구가 높아짐에 따라 수다한 사회복지시설은 성장하여 발전적으로 다공화되고 있다.

이 성장한 시설은 수행할 과업이 크게 확장되어 국가와 사회가 이에 투입하는 인적 및 물적 자원의 규모와 양이 역사상 유례가 없이 늘어났다.

국가·사회 자원이 투입되는 시설은 맡은 바 과업을 생산적으로 수행할 소중한 책임을 지고 있다.

한국은 선진국 대열에 들어 세계적으로 모범이 되는 기업 관리를 하고 있다. 사회복지 분야에서도 이러한 기업 측의 발전에 못지않게 효과적·효율적으로 사회복지를 이룩해야 하겠다.

이 책은 사회복지 시설의 이러한 목표를 지향하는 발전적인 관리를 위해 참고할 수 있는 사항들을 엮어 놓았다.

사회복지 시설은 수다한 목표를 지향하고 있다. 이 다양한 목표를 두 가지 유형으로 나누어 각 유형을 집중적으로 다룰 수 있게 하는 방편을 제시, 논의하였다. 즉, 시설의 외부 지향적 및 내부지향적 목표를 다루었다. 이 방편은 수다한 다목표 시설을 운영하는 관리자에게 비교적 사용가능한 관리도구가 될 수 있다.

사회복지 시설은 시설 외부 사회를 위한 프로그램 활동과 시설 내부 조직 유지를 위한 활동을 실행하고 있다.

생산적 관리는 이 두 가지의 대조적이면서도 상호 연계된 동등하게 중요한 목표들을 균형 있게 달성하는 활동을 기획, 추진해 나가는 것이다.

이러한 벅찬 과업을 바람직하게 수행토록 이끄는 힘은 우리가 이어받은 인간중시적 가치이다. 생산적 관리는 이 고귀한 가치를 발현하는 관리방법이다.

성장하는 시설은 늘어나는 사회복지 욕구를 충족하기 위해 돌봄서비스를 확장하면서 새로운 기능과 목표를 지향하고 있다.

이 책에서 위와 같이 새 시대의 다공화된 시설을 생산적으로 관리하는 데 관해서 논의하였다.

생산적 관리는 시설 내부 성원들을 존중, 지지하여 시설 운영에 참여토록 해서 이들이 시설 외부 고객을 위한 돌봄서비스를 효과적으로 제공토록 하는 바람직한 관리이다.

이 목표를 달성하기 위해서 관리자는 매개자, 지휘자, 판단자, 감독자 등 여러 역할을 수행하면서 인력, 돌봄서비스프로그램, 모금, 재무를 포함한 다양한 과업을 생산적으로 관리해야 한다.

관리자는 이러한 과업을 책임성 있게 수행해야 한다. 책임성 있게 실적을 올리는 데는 생산적 관리가 이루어져야 한다.

이 책은 사회복지 시설을 생산적으로 관리하는 데 참고가 될 기초적인 이론적 틀과 실용적인 방법을 엮어 놓았다.

앞으로 생산적 관리는 사회복지시설의 책임성을 성취하는 데 필요한 소중한 과제로 존속할 갓이다.

부록

사회복지조직의 다공화(多公化)

새 시대의 사회복지조직들에 변화가 일어나고 있다. 다수 조직(시설)은 한두 가지 돌봄서비스를 제공하는 단순한 운영에서 벗어나 여러(多) 하위체계로 분리되어 여러(多) 세팅에서 여러(多) 돌봄제공자가 여러(多) 가지의 돌봄서비스를 뭇사람(公)에게 제공하고 있다.

국가와 사회가 민주화되고 부유해지며 사람들의 사회복지에 대한 관심과 욕구가 고조됨에 따라 다수 조직은 이와 같이 돌봄기능을 다변화해서 여러 세팅에서 여러 부서로 나누어져 여러 전문요원이 수다한 사람을 위해 다양한 돌봄서비스를 제공하고 있다.

다공화(多公化)되고 있는 것이다.

다공화는 아래와 같은 요건들을 갖추어 이루어지고 있다.

다(多)변화된 조직목표

다(多)지역

다(多)수의 돌봄 세팅

다(多)수의 작업부서

다(多)유형의 돌봄서비스

다(多)수의 돌봄제공자

다(多)수의 고객(뭇사람, 公)

교향악단의 다음화(多音化)와 흡사한 현상

발전된 통신체계를 활용하여 수다하게 분리된 사회체계들에 대한 정보를 신속히 교환하여 이 모든 체계들의 다양한 활동에 대한 소상한 정보를 신속히 종합해 낼 수 있다.

이렇게 종합하는 상황은 오케스트라(교향악단)의 경우와 흡사하다. 오케스트라는 현악기, 목관악기, 금관악기, 타악기, 건반악기 등 여러 악기들을 연주하는 여러 연주자들을 악기종류별로 여러 팀들에 배열하여 이들이 연주하는 수많은 종류의 음을 교향된 음악으로 종합하는 다음화(多音化)(polyphony)를 이루어 청중을 위안한다.

다음화(多音化): 조직적 과정

위와 같이 오케스트라(교향악단)가 다종의 음을 종합하여 하나의 교향된 음을 산출하는 상황과 유사한 현상이 사회조직에서도 발생하고 있다. 즉, 다수 성원들의 다양한 발언(의견, 제언)에 따라 운영되는 사회조직의 현상과 비유할 수 있다.

많은 복합적 조직에서는 수다한 부서에 속하는 상이한 직종과 지위의 다수 성원의 조직운영에 관한 다양한 발언과 행동이 다변화된 복합적인 현상으로 동시에 일어나고 있다.

이 현상을 다수 성원의 다양한 발언과 의사를 반영해 나가는 자연적인 조직현상이라고 본다.

다만 우세한 권력소지자가 통제, 억압하기 때문에 이러한 다양한 발언이 억제되고 있을 따름이다. 도덕적인 면에서 이런 억제는 부당한 것이다.

따라서 다양한 상이한 발언/의견을 상호연계, 규합할 필요가 있다. 특히 권력이 약하거나 억압된 성원들의 발언과 의견을 존중하여 이를 수렴하여 규합, 조정해서 조직의 종합적 과업 수행에 반영할 필요가 있으며, 이를 위해 성원 및 부서 간의 합당한 커뮤니케이션이 필요하다.

즉, 다공화 과정에서 조직의 다양성을 부정하지 않는 조직관리가 필요하다.

다공화되는 조직

위와 같이 다수 사회복지조직은 교향악단과 흡사하게 여러 제공자가 제공하는 수다한 돌봄서비스를 조합하여 조직의 종합된 업적을 산출한다.

이러한 시각에 따라 사회복지조직은 다공화(多公化)된 돌봄 (polycaring)을 사회에 제공한다고 볼 수 있다.

즉 가치와 믿음을 달리하는 다양한 배경을 가진 여러 사람들이 하나의 커다란 조직 안의 수많은 부서와 세팅에서 상호관계를 조정하여 수많은 과업을 공동의 목표를 지향, 수행하는 상황이다.

조직은 이렇게 다공화됨으로써 사회를 위한 기여가 많아지고, 사회적 필요성이 증대하며, 높은 위상을 자랑할 수 있다.

다공화된 조직은 복수적 사업목표를 설정하고 이를 달성하기 위해, 여러 지역으로 뻗어나가 여러 돌봄세팅에서 여러 작업부서를 설치하여 여러 제공자들이 여러 가지 돌봄서비스를 수많은 고객에게 제공한다.

저자는 이런 현상을 사회복지조직의 다공화현상(多公化現狀 polycaring phenomenon)이라고 부르고자 한다.

그림 2. 다공화 대규모 조직.

조직 본부	A	a	1,2,3~n
		b	1,2,3~n
	B	a	1,2,3~n
		b	1,2,3~n
		c	1,2,3~n
	C	a	1,2,3~n
		b	1,2,3~n
		c	1,2,3~n
	D	a	1,2,3~n
		b	1,2,3~n
	E	a	1,2,3~n
		b	1,2,3~n
		c	1,2,3~n

본부조직으로부터 지역(A~E)으로 나누어지고, 각 지역에서 지방의 작업세팅(a~c)으로 나누어지며, 각 세팅마다 복수의 서비스를 포함한 돌봄 프로그램(1~3, n)을 실행함

국내

강철희, 2020, 02, 가구 단위의 세속적 기부, 종교적 기부, 상호부조적 기부 행동 간 관계의 영향요인 비교, 한국사회복지행정학.

권중돈, 2019, 노인복지론 (8판), 학지사.

권중돈, 2015, 복지, 논어를 탐하다, 학지사

금장태, 2012, 퇴계평전: 인간의 길을 밝혀준 스승, 지식과 교양.

금장태, 2001, 퇴계의 삶과 철학, 서울대학교 출판부.

김미애, 2012, 사례관리자가 인식하는 사회복지기관 환경이 사례관리 수행에 미치는 영향, 서울대학교사회과학대학 사회복지학과 학위논문.

김범수, 2017, 한국사회복지사협회 50년 발자취: 한국사회복지사협회 50년사, 한국사회복지사협회.

김병섭, 박광국, 조경호, 2015, 휴먼조직론, 대영문화사.

김상균, 2005, 한국사회복지의 좌표, 한국사회복지회.

김성천, 2005, 한국사회복지의 좌표, 한국사회복지회, 한국가족의 변화와 대응방안, 한국보건사회연구원 연구보고서.

김성천 외, 2020, 사례관리론, 학지사.

김형용, 2013, 포용적 사회와 나눔 문화의 현실, 한국의 나눔 문화와 복지사회, 아산사회복지재단.

나병균, 1985, 향약과 사회보장의 관계, 사회복지학회지, 7호, 21-50.

노자(老子) 도덕경, 1989, 박일봉 역편, 육문사.

논어(論語), 1997, 이가원 감수, 홍신문화사.

대학-중용(大學-中庸), 1993, 이가원 감수, 홍신문화사.

도성달, 2012, 윤리, 세상을 만나다, 한국중앙연구원.

맹자(孟子), 1994, 이가원 감수, 홍신문화사.

박병현, 2008, 사회복지와 문화, 집문당. 아산재단연구총서.

박종홍(朴鍾鴻), 1960, 퇴계의 인간과 사상. 서울: 국제문화연구소, 世界 2권, 4호.

백낙준(白樂濬), 1963, 한국의 현실과 이상. 서울: 동아출판사.

보건복지부, 2020, 사회복지시설관리 안내.

보건복지부, 2017, 민간 사례관리 업무 가이드.

성규탁, 1993, 가족의 사회복지 욕구측정, 연세사회복지연구, 제1권, 1-32.

성규탁 역, 1997 (중쇄), 사회복지행정조직론, 박영사. [Y. Hasenfeld, Human Service Organizations, 1983, Englewood Cliffs, NJ: Prentice-Hall.]

성규탁, 1988-2003, 사회복지행정론, 박영사. [2판 8쇄]

성규탁(역), 1985, 사회복지행정론, 한국사회개발연구원.

성규탁, 1990, 한국노인의 가족 중심적 상호부조망, 한국노년학, 9, 28-43.

성규탁, 2000, 노인을 위한 가족의 지원: 비교문화적 고찰, 사회복지, 45, 175-192.

성규탁, 2005, 현대 한국인의 효: 전통의 지속과 표현의 변화, 집문당. [대한민국학술원선정 우수도서]

성규탁, 2017, 효행에 관한 조사연구, 지문당.

성규탁, 2017, 효, 사회복지의 기틀: 퇴계의 가르침, 문음사.

성규탁, 2019, 부모님을 위한 돌봄, 학술정보사.

성규탁. 2021, 한국사회복지조직의 성장과 과제: 인간화와 다공화, 학술정보사.

성서(The Holy Bible).

손인주, 주채혁, 조격호, 조대희, 민병주, 1977, 한국인의 인간관, 삼화서적주식회사.

송복, 1999, 동양의 가치란 무엇인가: 논어의 세계, 미래인력연구센터.

신용하, 2004, 21세기 한국사회와 공동체 문화, 지식산업사.

신환철, 1995, 인간화를 위한 관료제 개혁, 사회과학연구, 21(95-2), 25-46.

아산사회복지재단, 2013, 한국의 나눔 문화와 복지사회.

안상훈, 2005, 한국사회복지의 좌표, 한국사회복지학회.

양옥경, 2017, 사회복지윤리와 인권, 공동체.

양옥경 외, 2018, 사회복지실천론, 나남. (5판)

엄예선, 1994, 한국가족치료개발론, 홍익제.

예기(禮記), 1993, 권오순 역해, 홍신문화사.

오석홍, 2016, 인사 행정론, 박영사.

원영희, 모선희, 1998, 노인복지관에 관한 연구: 현황과 발전방안, 한국 노년학, 18(2), 64-79.

유성호 외, 2016, 노인요양시설 입소 노인에 대한 여성 요양보호사의 폭력 경험에 대한 탐색적 연구,

유영익, 1992, 한국 근대사론, 일조각.

윤태림, 1970, 한국인의 의식구조, 서울, 문음사.

유민봉, 심형인, 2013, 한국사회의 문화적 특성에 관한 연구, 한국심리학회지: 문화와 사회문제, 19(3), 457-485.

유병용, 신관영, 김현철, 2002, 유교와 복지, 백산서당.

유종해, 이덕로, 2015, 현대 행정학, 박영사.

윤경아, 이윤화, 2000, 장애 노인의 사회복지서비스 욕구에 관한 연구, 한국노년학, 20(3), 77-91.

윤사순, 2016, 퇴계 선집, (14쇄). 현암사.

이민홍, 정병오, 2020, 사회복지프로그램개발과 평가, 양서원.

이승호, 신유미, 2018, 공적 돌봄과 가족 돌봄의 종단적 과제: 재가 노인 돌봄을 중심으로, 한국노년학, 38(4), 1035-1055.

이준영, 2020, 사회복지행정론, 학지사.

이부영, 1983, 한국인의 성격의 심리학적 고찰, 한국인 의 윤리관, 한국 정신문화연구원, pp. 227-269.

이순민, 2016, 사회복지윤리와 철학, 학지사.

이황, 윤사순 역주, 2014, 퇴계 선집, 현암사.

이황(李滉), 이광호 옮김, 1987, 성학십도(聖學十圖), 홍익출판사.

이황(李滉), 장기근 역해, 2003, 퇴계집(退溪集), 홍신문화사.

일본사회복지사회윤리강령, 2006.

임태섭, 1994, 체면의 구조와 체면 욕구의 결정요인에 대한 연구, 한국 언론학보 32호, 207-247.

임창희, 2020, 조직 행동, 비엔엠스북스(6판).

정경배, 1999, 21세기 노인복지정책 방향, 노인복지정책연구, 한국보건 사회연구원.

정순목, 1990, 퇴계의 교육철학, 지식산업사.

조석준, 1985, 조직론, 법문사.

최문형, 2004, 한국전통사상의 탐구와 전망, 경인문화사, 336-348.

최문형, 2000, 동학사상에 나타난 민족통일이념 연구, 남북한 민족공동체 의 지속과 변동, 교육정책연구 2000-지-1, 교육인적자원부, 111.

최상진, 2012, 한국인의 심리학. 학지사.

최상진, 김기범, 2011, 문화심리학-현대한국인의 심리 분석, 지식산업사.

최연실 외(15인), 2015, 한국가족을 말한다: 현상과 쟁점, 도서출판 하우.

최재석, 2009, 한국의 가족과 사회, 경인문화사.

최재석, 1983, 한국인의 사회적 성격, 개문사.

최재성, 2017, 노인요양원과 문화변화, 아산재단연구총서, 집문당.

최재성, 2012. 02. 사회복지조직의 IT 자원이 업무효율 성에 미치는 영 향, 한국사회복지행정학.

통계청, 장래인구 추계 (1990-2021).

통계청 사회조사, 2008~2015.

한경혜, 성미애, 진미정, 2014, 가족발달, KNOU Press.

한국사회복지협의회, 60년사, 2012.

한국사회복지사협회 50년사, 2017.

한국사회복지사협회, 윤리강령, 실천 가이드북, 2008.

한국사회복지학회, 한국사회복지학의 좌표, 2005, 춘계학술대회자료집.

한동우, 2014, 사회복지행정론, 한국사회복지행정학회.

한상진, 2006, 역동적 균형과 한국의 미래: 3: 사회통합과 균형적 성장. (공편). 나남.

한형수, 2011, 한국사회 도시 노인의 삶의 질 연구, 청록출판사.

홍경준, 1999, 복지국가 유형에 관한 질적 분석: 개인주의, 자유주의,

그리고 유교주의 복지국가, 한국사회복지학, 38, 309-335.
홍용기, 2017, 인간관계론, 한올.
황성철, 정무성, 강철희, 최재성, 2005, 사회복지행정론, 정민사.
효경(孝經)
황진수, 2011, 노인복지론, 공동체.

국외

Barrett, R., 2017. The value driven organization. England: Routledge.

Bales, R. E., 1969. The equilibrium problem in small group, (In) J. A. Litterler (Ed.), Organizations: System, control, and adaptation. Vol. 2, (2nd Ed.). New York: Wiley. 169-181.

Berger, L., & Berger, D., 2015. The compensation handbook. New York: McGraw-Hill.

Blokdyk, G. 2019. Organizational goals. A complete guide. New York: Emereo Publishing Co.

Blomberg, J., 2020. Organization theory. Sage.

Bradford, D. L., & Burke, W. W., 2005. Organizational development. San Francisco: Pfeiffer.

Bray, I., 2016. Effective fundraising for nonprofits. New York: Noro.

Burns, T., & Stalker, G. M., 1961. The management of innovation. London: Tavistock.

Cho, S. M. (조상미), 2008. Understanding of diversity and inclusion in a perceived homogeneous culture. Administration in Social Work, 32(4), 100-126.

Dillon, R. S., 1992. Respect and care: Toward moral integration. Canadian Journal of Philosophy 22, 105-132.

Downie, R. S., & Telfer, E., 1969. Respect for persons London: Allen and Unwin.

Etzioni, A., 1964. Modern organizations. Englewood Cliffs, NJ: Prentice-Hall.

Gambrill, E., & Gibbs, L., 2017. Critical thinking for helping professionals: A skill-based workbook. London: Oxford

University Press.

Gerhart, G., & Newman, J., 2019. Compensation. New York: McGraw-Hill.

Georgopoulos, B. S., & Tannenbaum, A. S., 1957. A study of organizational effectiveness, American Sociological Review, 22, 534-540.

Gibbard, A., 1990. Wise choices, apt feelings, Cambridge, MA: Harvard University Press.

Gouldner, A. W., 1959. Organizational analysis, (In) Sociology Today, R. K. Merton, et al. (Eds.). New York: Basic Books.

Greiner, L., 1988. Evolution and revolution as organizations grow, Harvard Business Review, May-June.

Ghusn, R. S., et al., 1996. Enhancing life satisfaction in later life. Journal of Gerontological Social Work, 26, 27-47.

Gross, E., 1969. The definition of organizational goals, British Journal of Sociology, 20, Sept., 293.

Gulick, L., & Urwick, L., (Eds.), 1937. Papers on science of administration. New York: Institution of Public Administration.

Hasenfeld, Y., 2009. Human services as complex organizations. [2nd Ed.] Thousand Oaks, CA: Sage.

Hasenfeld, Y., 1985. Human service organizations. Englewood Cliffs, NJ: Prentice-Hall. 성규탁 역, 1997. 사회복지행정조직론, 박영사.

Herbert, A. S., Jones, Jr., P., & Schaupp, D. L., 2008. An organizational development model for retooling social welfare administrators. Published online: 25 Oct.

Heyman, R., 2016. Nonprofit fundraising 101. New York: Wiley.

Jansson, B. S., 2013. Becoming effective policy advocate: Policy practice to social justice. New York: Brooks/Cole.

Kahn, A. J., 1979. Social policy and social services. (2nd Ed.) New York: Random House.

Katz, D., & Kahn, R. L., 1978. The social psychology of organizations. 2nd Ed. New York: Wiley.

Kim, B. J. (김범중), 2011. Teaching repayment of parents' kindness, Educational Gerontology, 37(10), 899-909.

Kupritz, V. W., & Cowell, E., 2011. Productive management communication, Journal of Business Communication, 48(1), 54-82.

Lewis, R., 2005. Teaching gratitude in early years – When do kids get it? MN: Free Spirit Publishing.

Likert, R., 1987. New pattern of management. New York: McGraw Hill, Ch. 8.

Litwak, E., 1985. Theoretical base for practice. (In) Maintenance of family ties of long-term care patients, R. Dobroff & E. Litwak (Eds.). Washington, DC: Department of Health, Education and Welfare.

Locke, E. A., & Latham, G. P., (Eds.), 2017. New development in goal setting and task performance. New York: Prentice-Hall.

Lowenberg, F., & Dolgoff, R., 1985. Ethical decisions for social work practice. Itasca, IL: F. E. Peacock.

Luhmann, N., 2013. Introduction to system theory. Cambridge, U. K.: Polity Press.

March, J. G., & Simon, H., 1958. Organizations. New York: Wiley.

Mayo, E., 1933. The human problems of an industrial civilization. New York: Macmillan.

Mehr, J. J., & Kanwischer, R., 2004. Human services. [8th Ed.] Boston: Allyn & Bacon.

Mohr, L., 1973. On the concept of organizational goal. American Political Science Review, 67, 470-482.

Mohr, L., 2014 (01 August). The concept of organizational goal. Published on line by Cambridge University Press.

Myrdal, G., 1958. (260-261). Value in social theory, P. Streeten, (Ed.). New York, Harper.

NASW(National Association of Social Workers), 2000. Code of Ethics. Washington, D. C.

Netting, J. E., Kettner, P. M., & McMurtry, S. L., 2016. Social work macro practice. (6th Ed.) New York: Longman.

O'Farrell, 2017. Smart objective setting for managers. New York: Category Book.

Park, C. H. (朴鍾鴻), 1983. Historical review of Korean Confucianism, (In) Main currents of Korean thoughts, The Korean National Commission for UNESCO. Seoul: The Si-sa-yong-o-sa.

Parsons, T., 1970. How are clients integrated into service organizations. (In) Organizations and clients, W. Rosengren & M. Lefton. (Eds.). Columbus, OH: C. E. Merrill. pp. 1-16.

Perrow, C., 2014. Complex organizations: A critical essays. VM: Echopoint Books.

Perrow, C., 1970. Organizational analysis: A sociological view. Belmont, CA: Wadworth.

Perrow, C., 1961, The analysis of goals in complex organizations, American Sociological Review, 26, Dec., 855.

Patti, R. (Ed.), 2000. The Handbook of Social Welfare Managenet. SAGE.

Rogers, C. R., 1961. On Becoming a person. Boston: Houghton Mifflin.

Rogers, C. R., 1977. Carl Rogers on personal power. New York: Delacorte.

Rothman, J., & Sager, J. S., 1998. Case management: Integrating individual and community practice. Allan & Bacon.

Selznick, P., 1943. Foundations of theory of organization. American Sociological Review, 13, 25-35.

Simmel, O. S., 2008. The web of group affiliation. New York: Free Press.

Simon, H. A., 1964. Administrative behavior, (2nd Ed.). New York: Free Press.

Starbuck, W., 1965. Organizational growth and development, (In) J. March, Handbook of organizations. Chicago: Rand McNally.

Sung, K. T. (성규탁), & Dunkle, R. E., 2009. How social workers demonstrate respect for elderly clients. Journal of Gerontological Social Work 53, 250-260.

Sung, K. T., 1982. Working under the accountability system: A study of the reaction of social workers, Administration in Social Work. Vol. 6(Winter), 15-32.

Sung, K. T., & Katan, J., 1984. Social workers' reaction to accountability programs: A comparative analysis of two studies, Journal of Applied Social Sciences. 8(Spring/Summer), 205-215.

Taylor, F. W., 1947. Scientific management. New York: Harper & Brothers.

Titmuss, R. M., 1976. Commitment to welfare. London: Harpers Collins.

Triandis, H. C., 1994. Culture and social behavior. New York: Trafalger Publishing

Triandis, H. C,, 1995. Individualism and collectivism. Westview Press.

Weber, M., 1947. The theory of social and economic organizations (trans.) A. M. Henderson & T. Parsons. New York: Free Press.

Yuchtman, E., & Seashore, S. E., 1967. System resource approach to organizational effectiveness, American Sociological Review, 32: 891-903.

Zald, M. N., 1962. Organizational control structures in five correctional institutions. American Journal of Sociology, 69, 335-345.

서울대학교 학사, 석사
University of Michigan, MSW, Ph.D.
University of Wisconsin-Madison 사회사업대학원 교수 역임
연세대 사회복지학과(창립 시) 학과장 역임
University of Chicago Fellow(선경최종현학술원 지원) 역임
한국사회복지학회장, 한국노년학회장 역임
<연세대 은퇴>
Michigan State University 사회사업대학원 전임교수 역임
University of Southern California 사회사업대학원
　　　　　석좌교수(Frances Wu Endowed Chair Professor) 역임
University of Michigan 사회사업대학원 초빙교수 역임
<귀국>
리더십 한림원 효문화연구소 대표
한국사회복지사협회 원로회 대표
사회복지교육실천포럼 대표
서울중화노인복지관 운영위원장
서울강남시니어클럽(노인 일자리 마련기관) 운영위원장

<저서(국문): 사회복지 관련>
사회복지행정론 (법문사) [한국최초로 발간된 사회복지행정학 연구도서]
사회복지행정론(역서) (한국사회개발연구원)
사회복지조직론(역서) (박영사)
사회복지사업관리론(역서) (법문사)
산업복지론 (박영사)
정책평가 (법영사)
사회복지실천평가론 (법문사)
효, 사회복지의 기틀 (문음사)
사회복지실천평가론 (법문사)
한국사회복지조직의 성장과 과제 (한국학술정보사)
사회복지시설의 생산적 관리: 추구할 목표와 관리자의 역할 (한국학술정보사)

<저서(국문): 효 관련>
새 時代의 孝 (연세대 출판부) (연세대학술상 수상)
새 시대의 효 I, II, III (문음사) (아산재단 아산효행상 수상)
현대 한국인의 효 (집문당) (대한민국학술원선정 우수도서) 2005
한국인의 효 I, II, III, IV, V (한국학술정보사) 2010
어른을 존중하는 중국, 일본, 한국 사람들 (한국학술정보사) 2011
어떻게 섬길까: 동아시아인의 에티켓 (한국학술정보사) 2012
한국인의 서로 돌봄: 사랑과 섬김의 실천 (한국학술정보사) 2013
부모님, 선생님 "고맙습니다"로 시작하는 효 (한국학술정보사) 2013
한국인의 세대 간 서로 돌봄: 전통-변천-복지 (집문당) 2014
한국인의 효에 대한 사회조사 (집문당) 2015
효행에 관한 조사연구 (집문당) 2016
효, 사회복지의 기틀: 퇴계의 가르침 (문음사) 2017
부모님을 위한 돌봄 (한국학술정보사) 2019
한국인의 어른에 대한 올바른 존중 (한국학술정보사) 2019
현대한국인의 노후돌봄 (한국학술정보사) 2020
새 시대 한국인의 효: 사회적 효와 가족적 효의 종합 (한국학술정보사) 2020
부모에 대한 감사 (한국학술정보사) 2021
한국인의 부모와 고령자 존경 (제작 중) 2022

<저서(영문)>
Care and respect for the elderly in Korea: Filial piety in modern times in East Asia. Jimoondang, 2005

Respect and care for the elderly: The East Asian way. Lanham, MD: University Press of America. 2007.

Respect for the elderly: Implications for human service providers. Lanham, MD: University Press of America. 2009.

Advancing social welfare of Korea: Challenges and approaches. Seoul: Jimoondang. 2011.

The Organizational Effectiveness of Family Planning Clinics. Ann Arbor: The University of Michigan School of Social Work. 1974.

<논문(국내)>
사회복지학회지, 연세사회복지연구, 사회복지, 한국정신문화연구원논총, 한림과학원 총서, 승곡논총, 한국노년학, 노인복지정책연구총서 등에 발표

<논문(외국)>

The Development of Korean Social Welfare Policy (London: Oxford University Press), Journal of Social Service Research, Administration in Social Work, International Social Work, Society and Welfare, Social Indicators Research, Journal of Family Issues, Journal of Applied Social Sciences, Journal of Poverty, The Gerontologist, Journal of Aging Studies, International Journal of Aging & Human Development, Journal of Gerontological Social Work, Journal of Cross-Cultural Gerontology, Journal of Aging & Social Policy, Educational Gerontology. Ageing International, Journal of Religious Gerontology, Hong Kong Journal of Gerontology, Australian Journal on Ageing, International Journal of Social Research & Practice, Public Health Reviews, Health and Social Work, Children and Youth Service Review, Child Care Quarterly 등에 발표

조상미

이화여자대학교 사회복지학과 학사
University of Southern California School of Social Work, MSW, Ph.D.
University of Tennessee, Knoxville School of Social Work, 조교수
이화여자대학교
　사회복지학과/사회경제협동과정 교수
　사회복지학과 주임교수
　사회복지전문대학원 교학부장
　사회복지대학원 부원장
　국제교류처 부처장
　사회적경제협동과정 미래역량육성사업단장
　글로벌미래평생연구원장/문화예술교육원장

<저서>
사회적 가치 시대를 연다
이화 사회적 경제 리뷰
이화 사회적 경제 리뷰 2
교육 국제개발협력 프로젝트
국제사회복지 교육과 실천: 이화여자대학교 캄보디아 사례를 중심으로
한국 사회복지교육: 현황, 과제, 그리고 대안
사회복지개론

<논문>
Administration in Social Work, Adolescence, Asian Social Work and Policy Review, Asian Journal of Gambling Issues and Public Health, Disability and Health Journal, Human Service Organizations: Management, Leadership & Governance, Nonprofit and Voluntary Sector Quarterly, Korea Business Review, Journal of Social Service Research, International Journal of Continuing Social Work Education, 한국사회복지행정학, 인적자원관리연구, 한국사회복지학, 사회복지정책, 한국창업학회지, 사회과학연구논총, 사회적기업연구, 사회복지연구, 지역발전연구, 사회복지 실천과 연구, 장애와 고용, 사회적기업학회, 사회복지정책, 한국경영학, 한국사회복지정책학, 한국비영리연구 등에 발표

김범중

University of Michigan, School of Social Work, MSW
University of California, Los Angles, School of Social Work, Ph.D.
중앙대 사회복지학부 부교수
보건복지부 사회서비스원 정책포럼 위원
한국노년학회 기획위원장
한국노인복지학회 기획학술 공동위원장
한국사회복지학회 아시아학술분과 위원장
비판과 대안을 위한 사회복지학회 총무위원장
중앙사회복지연구회 총무위원장
시립동작노인복지관 운영위원장

서대문시니어클럽 운영위원장
하와이주립대 사회복지대학원 부교수
하와이주립대 한국학연구소 연구교수
하와이 원주민 노인연구소 연구교수
일본관서학원대학 방문 부교수
UCLA 노인정책연구소 부소장

<저서>
Advancing Social Welfare of Korea: Challenges & Approaches, Jimoondang
Publishing Co.

<논문>
Social Work in Public Health, Aging and Mental Health, Educational
Gerontology, 한국지역사회복지학, 사회복지정책, 한국사회정책 등에 발표

이석호

연세대학교 사회복지학과 학사
Michigan State University School of Social Work, MSW
University of Texas, Austin School of Social Work, Ph.D.
국립목포대학교사회복지학과 조교수
JCON 선임연구원
가톨릭대학교일소대학원중독학과 초빙 강사
한국복지경제연구원 연구원 (사회복지실천연구 담당)
한국효문화연구소 연구원

<논문>
정신건강과 사회복지, 한국융합학회지 등에 발표

사회복지시설의 바람직한 관리:
추구할 목표와 관리자의 역할

초판인쇄   2022년 08월 19일
초판발행   2022년 08월 19일

지은이   성규탁 · 조상미 · 김범중 · 이석호
펴낸이   채종준
펴낸곳   한국학술정보㈜
주 소   경기도 파주시 회동길 230(문발동)
전 화   031) 908-3181(대표)
팩 스   031) 908-3189
홈페이지   http://ebook.kstudy.com
E-mail   출판사업부 publish@kstudy.com
등 록   제일산-115호(2000. 6. 19)

ISBN   979-11-6801-541-8   93330